जर्सी NO.7

जर्सी NO.7

चीची

Made with ♥ on the Notion Press Platform
www.notionpress.com

क्रम-सूची

प्रस्तावना

गौरी, पूनम रावत, भावेशा खिलौसिया, इशिता रुस्तगी, विभा आनंद, स्वीटी और साक्षी वड़नेरकर का शुक्रिया करना चाहता हूँ। आप सभी के स्नेह और सहयोग का आभारी हूँ।

ई-मेल से सम्पर्क करें

storiesbychichi@gmail.com

lyricistchichi@gmail.com

अंतराजाल पर ढूंढें

https://www.facebook.com/ChichiPaswaan7/

https://www.instagram.com/imchichi7/?hl=en

https://twitter.com/lyricistchichi7?lang=en

भूमिका

चीची के लेखन की शैली साधारण भाषा में कहें तो बहुत ही मौलिक है। जो हर एक जन साधारण को समझ आने वाली अभिव्यक्ति है। जर्सी NO.7 चीची की चौथी पुस्तक है इससे पहले वो आधुनिक बहुरानी, टपरी और लमरेटा जैसी किताबों का लेखन कर चुके हैं। उनकी कहानियों में आपको देसीपन के साथ-साथ जीवन के उतार चढ़ाव के चित्रण का बोध भी मिलता है। व्यंग्यात्मक शब्दों का जायक़ा और कटाक्ष बातों के तड़कों का भरपूर प्रयोग भी भली भाँति करते हैं।

ये किताब मेरे दोस्तों और उन खिलाड़ियों के नाम जिनके साथ मैंने कितने ही साल क्रिकेट खेला।

उपन्यास

जर्सी NO.7

लेखक

चीची

1
NO.7

"NO.7" ये किसी क़ैदी की जर्सी का नम्बर नहीं बल्कि एक ऐसे खिलाड़ी की पहचान थी जिसने परिश्रम, संघर्ष, तप, कठिनाइयों को आँख दिखाई, लोहा लिया और खुद को हर एक स्तर पर कड़े, कठोर, परिपक्व तरीक़े से परखा और साबित भी किया। लेकिन अंत में वो अपने खेल, हिम्मत, संघर्ष से नहीं बल्कि परिवार की परिस्थितियों के आगे घुटने टेक कर गुमनामी के अंधेरों में जा कर बैठ गया और रोज़मर्रा की ज़िंदगी जीने लगा। नाम रणविजय सिंह उच्च मध्यम वर्गीय परिवार से ताल्लुक़ रखता है। घर में माता-पिता, एक भाई और एक बहन। कॉलेज की पढ़ाई कॉरेस्पॉडेन्स से करनी उचित समझी ताकि क्रिकेटर बन सके। पिता फलों के व्यापारी हैं आज़ादपुर फल मंडी में। बहन बड़ी हैं और भाई तीन साल छोटा जो की अभी दसवीं क्लास में पढ़ता है। बहन कॉलेज पास कर चुकी हैं और शादी के लिए लड़का देखा जा रहा है। माता जी अनपढ़ और ग्रहणी हैं। उच्च किसान परिवार में जन्मी लेकिन उस समय बेटा पढ़ाओ अभियान चलता था, बेटी बचाओ या पढ़ाओ नहीं इसलिए माता जी अनपढ़ रह गयी। लेकिन बहुत ही साधारण और सभ्य विचारधारा की महिला हैं। पिता जी भी एक उच्च किसान परिवार से ताल्लुक़ रखते हैं। जवानी में कुश्ती करते थे यानी पहलवान थे लेकिन एक बार एक दंगल में पटका गए तो कुश्ती और गाँव छोड़ कर दिल्ली चले आए पत्नी के गौना होने से पहले, घर के बड़े बूढ़ों से तंग आ कर। जब माता जी,

पिता जी का विवाह हुआ तब पिताजी 13 बरस और माताजी 7 बरस की थीं। सन 1960 में बाल विवाह हुआ करते थे तो इस उत्पीड़न से ये कैसे बचते क्यूँकि तब ये बिलकुल आम बात होती थी। बालपन में विवाह और लड़का, लड़की जब 18-20 बरस के हों जाए तो लड़की का गौना करवा कर ससुराल ले आओ। पिता जी बहुत मेहनती और ईमानदार इतने की भूखे मर जाएँगे लेकिन किसी के आगे हाथ नहीं फैलाएंगे। जब वो घर से भागे मतलब उत्तर प्रदेश के छोटे से गाँव जैतिपुर में उनका जन्म हुआ। उनके पिता यानी रणविजय के दादा जी के सात भाई और उन सबके 31 बच्चे जिनमें 15 लड़के और 16 लड़कियाँ। रणविजय के पिता सबसे बड़े अपने सगे, चचेरे बहन और भाइयों में। कुछ के चहेते और कुछ के लिए सिर दर्द क्यूँकि जो कामचोर, आलसी उनको वो कतई पसंद नहीं करते। हर इंसान मेहनती और ईमानदार हो वो मुमकिन नहीं लेकिन इस बात को वो नहीं मानते थे कभी भी। सबको मेहनत और ईमानदारी के तराज़ू पर तौलते गए और खुद के बेटे की ईमानदारी और लगन उसके खेल के प्रति को कभी पहचान ही नहीं पाए। इतना सब इसलिए बताया क्यूँकि जब रणविजय के पिता गाँव से भागे घर छोड़ कर बिना किसी को बताये तो उनको सिर्फ़ फल मंडी नई दिल्ली पता था लेकिन नई दिल्ली में दो फल मंडी थी। जनवरी की जानलेवा सर्दी में कॉटन का पजामा और कुर्ता उसपे आधी बाज़ू का स्वेटर पहने वो फल मंडी के गेट पर तीन दिन तक भूखे प्यासे बैठे और बोरा ओढ़ कर फुटपाथ पर सोए रहे बिना कुछ खाए पीए। जज़्बा खिलाड़ी का और ऊपर से खुद्दार आदमी किसी से कुछ खाने का माँगे भी तो कैसे और कहते हैं ना खिलाड़ी भूखा मर जाएगा लेकिन हाथ नहीं फैलाएगा तो यह बात सौ आने सत्य है। फिर चौथे दिन उन्होंने किसी से पूछा यहाँ कोई और भी फल मंडी है क्या जहां सेब की ख़रीद बेच होती है तब उनको पता चला की जहां वो तीन दिन से अपने मामा जी की राह निहार रहे थे असलियत में वो फल मंडी आज़ादपुर में है और यहाँ से ग्यारह किलोमीटर दूर। बस या रिक्शॉ से जाने के पैसे थे नहीं तो पैदल तीन दिन का भूखा भोला पहलवान चल दिया सर्दी में सिर्फ़ एक ही धुन में कि मामा जी से मिलना है और कुछ करना है ज़िंदगी में। जब वहाँ पहुँचे दोपहर हो चुकी थी फिर वही किया जो इससे पहले

कर रहे थे फल मंडी के गेट पर एक कोने में कुर्ता-पजामा, स्वेटर और चमड़े की चप्पल पहने बैठे रहे एक लाइट के खम्बे के नीचे और गेट पर आते जाते सबको निहारते रहे और उम्मीद करते रहे कि मामा जी दिख जाए। भूख प्यास से आँखों के आगे अंधेरा भी आता जाता रहा इतनी तेज धूप और ठंड में। लेकिन वो सिर्फ़ देखते रहे और तलाशते रहे मामा जी को। दोपहर से शाम और रात के नौ बजे अचानक उनकी बंद आँखों और झुके हुए काँधे को जब किसी के हाथ के स्पर्श ने छुआ और आँख खुली तो कोहरे से लिपटे हुए सामने दिखे मामा जी। पिता जी की सूखी आँखों से बादल फट पड़ा हो जैसे। पहलवान की हिम्मत पहली बार टूट गयी और वो खड़े भी नहीं हो पा रहे थे जैसे तैसे करके मामा जी ने उनको उठाया आँसू पोंछे और गेट के बग़ल पर खड़े ठेले से एक जैकेट ख़रीदा और उनको पहनाया फिर तुरंत वहीं एक छोटे से ढाबे पर ले जा कर खाना खिलाया। मामा जी अपने भांजे की ये दुर्दशा देख कर काँप उठे थे। पिता जी और मामा जी घर की ओर चल पड़े जहां मामा जी, उनके साथ काम करने वाले चार लोग और रहते थे अब पाँचवे पिता जी। घर पहुँच कर मामा जी ने पूछा तू कब आया दिल्ली और जैसे ही पिता जी ने बोला चार दिन पहले तो मामा जी ने तुरंत पूछा तो था कहा तू, आज क्यूँ आया, पहले क्यूँ नहीं आया और किसके पास रुका था जो ये हालत थी तेरी। पिताजी ने बोला ग़लत फल मंडी पहुँच गया था और फ़ुटपाथ पर सोया था बोरा ओढ़ कर तीन दिन बिना कुछ खाए। कुछ पैसे थे तो रास्ते में थोड़ा बहुत खाया पीया उससे। मामा जी ये सब सुनकर रोने लगे और बाक़ी लोगों की भी आँख भर आयी। संघर्ष की बहुत मिसालें हैं उनमें से एक ये भी है। मामा जी बोले तू घर से क्यूँ भाग कर आया, क्या तकलीफ़ थी, इतना बड़ा परिवार खेती-बाड़ी इतनी बड़ी और तेरी शादी भी हो चुकी है गौना भी आने वाला था और तू भाग आया बिना बताए। पिता जी बोले मेरे पिता के पास खेती बाड़ी, पैसे हैं लेकिन मेरे लिए नहीं। उनके सिद्धान्त और आदर्शों का तराज़ू मेरे हक़ में कुछ नहीं तौलता और ना मुझे उनसे कुछ चाहिए। जो चाहिए अपनी मेहनत और ईमानदारी से बनाऊँगा। एक पहलवान का शरीर लिए उन्नीस साल का नौजवान फल मंडी में फलों की पेटियाँ और बोरियाँ ढ़ोता रहा बिना उफ़्फ़ किए सिर्फ़

इस उद्देश्य के साथ की कुछ करके ही रहूँगा बस मेहनत करूँगा बिना रुके। भोज़ा उठाते-उठाते काँधे पर काले निशान और हाथों में गाँठे पड़ गयी लेकिन मजाल है हिम्मत चरमराई हो एक पल के लिए भी। दिन रात एक साल तक यही करते रहे और पैसे इकट्ठे करते रहे। गाँव में मामा जी ने ख़बर भिजवा दी कि रमेश मेरे पास है और मेरे साथ काम कर रहा है। एक साल बाद पिता जी गाँव पहुँचे तो पिता ने गले लगाने के बजाए बेटे को घर की दहलीज़ में कदम रखने से ही मना कर दिया। और कह दिया तुमसे मेरा कोई नाता नहीं जहां से आए हो वहीं चले जाओ। पिता जी की हिम्मत यहाँ टूट गयी फिर एक बार और वो अपनी अटैची लिए चुपचाप खटिया पर घर के बाहर बरगद के पेड़ के नीचे सुबह से रात तक बैठे रहे लेकिन उनके पिता टस से मस नहीं हुए और ना कोई उनके डर से पूछने आया। बेचारे भूखे प्यासे पिता की तरफ़ एक ममता भरी झलक पाने के लिए देखते रहे-देखते रहे और फिर उसी खटिया पर अटैची पकड़े सो गए और सुबह उनकी माता जी ने जगाया और बोला जल्दी से मुँह धो लो, ये खाओ और अटैची दो रख दूँ। तुम्हारे पिता जी कुछ दिन ऐसे ही रहेंगे तुम तो जानते ही हो पता नहीं कौन से आदर्श हैं, कहाँ से पढ़ कर आए हैं, अनपढ़ कहीं के। ये सुनते ही पिता जी हँसने लगे और उनकी माता जी भी। फिर माँ बेटे ने बातचीत की काफ़ी लेकिन पिता जी ने सिर्फ़ अच्छा-अच्छा ही बताया क्यूँकि माँ का दिल मोम और काँच का होता है तुरंत पिघल और चकना चूर हो जाएगा तकलीफ़ की दास्तान जानकर बेटे की और उसके बाद माता जी का गौना हुआ और वो मायके से ससुराल आ गयीं। इस तरह पिताजी दिल्ली से गाँव हर साल एक बार जाते एक दो महीनों के लिए कमा धमा कर सब इकट्ठा करके। पिता जी के तीन भाई और थे उनसे छोटे जिनकी ज़िम्मेदारी भी उन्होंने ले ली कि मैं कुछ नहीं बन पाया लेकिन तुम लोगों को पढ़ा लिखाकर कुछ तो बना ही दूँगा। इस तरह ये सिलसिला चलता रहा। बहन, रणविजय और उसका छोटा भाई हरिंदर उर्फ़ हैरी। हैरी करिश्मा कुदरत का था उसके लिए एक पूरा अध्याय लिखना पड़ेगा। तीनों बच्चों के पैदा होने के बाद पिता जी ने दिल्ली में घर ले लिया था तो माँ और बच्चों को वहाँ बुला लिया बेहतर और आधुनिक ज़िंदगी देने के लिए। धीरे-धीरे समय बीतता

गया। रणविजय के दो चाचा इलाहाबाद (आज का प्रयाग राज) पढ़ने के लिए भेजे गए ताकि किसी बड़े पद की पढ़ाई कर सकें। और तीसरे चाचा जिनको पढ़ाई में रुचि नाम मात्र थी तो वो खेती में हाथ बटाते बाक़ी चचेरे भाइयों, बहनों और चाचाओं के साथ।

2

सन 1996

भारत बनाम पाकिस्तान क्रिकेट मैच चल रहा है। अजय जडेजा की शानदार, चमकदार, ज़ोरदार और धमाकेदार पारी ब्लैक एंड वाइट टेलिविज़न में। इस मैच को देखते-देखते रणविजय के अंदर के तूफ़ान ने ज्वालामुखी सा विस्फोटक विस्तार ले लिया और उसके आंतरिक खिलाड़ी ने ये तय किया कि एक दिन वो भी अपने देश और अपनी भारतीय क्रिकेट टीम के लिए ऐसे ही खेलेगा और वर्ल्ड कप जितायेगा। इसी वर्ल्ड कप में उसे तीन हीरो मिले। दुनिया के सबसे बेहतरीन छेत्र-रक्षक जोंटी रोड्ज़, स्विंग के सुल्तान वसीम अकरम और मास्टर ब्लास्टर सचिन तेंदुलकर। और भी कई दिग्गज पसंद थे जिन्होंने उसे प्रेरणा दी जैसे कलाई के जादूगर मो.अझरूद्दीन, स्टाइल आइकॉन ब्रायन चार्ल्ज़ लारा, मार्क वॉ, फिरकीबाज़ शेन वार्न, विस्फोटक सनथ जयसूर्या, नेथन अस्टल, रफ़्तार के सरताज कॉट्र्नी वॉल्श, बाउन्सर के दिग्गज कट्र्ली ऐम्ब्रोस जिनका लोहा सभी मानते थे। इसी साल तेरह वर्ष की आयु में उसने पहला मैन ऑफ़ दी सिरीज़ भी जीता। लेकिन इस ट्रोफ़ी को घर लेके आना आसान नहीं था क्यूँकि पिता जी क्रिकेट के डाईहार्ट फ़ैन लेकिन बेटे को सरकारी अफ़सर बनाना है। बस यहीं से शुरू हुआ बाप बेटे के बीच हिंदुस्तान-पाकिस्तान का दिमाग़ी क्रिकेट मैच। पिता जी जब घर होते तो बेटा किताबों के साथ पाया जाता और जैसे ही वो अपने काम के लिए निकल पड़ते बेटा क्रिकेट ग्राउंड में बैट

घुमाता पाया जाता। बाप बेटे की ये आँख मिचोली अक्सर देखने को मिलती कभी पकड़े गए तो खूब धुनाई होती जैसे किसी जानवर को खूँटे से बाँध के मारा जाता है। पिता जी ने बेटे और अपने भाइयों के लिए बड़े-बड़े सपने देख रखे थे और उनके अलावा उनका एक चहिता चचेरा भाई राजकुमार जिससे वो अपने बाक़ी भाइयों से भी ज़्यादा प्यार करते थे लेकिन ये प्यार ज़्यादा सालों तक चला नहीं। शौहरत, औरत और सगे सौतेले की लकीर अक्सर घर में बँटवारा भी करवा देती है ऐसा ही कुछ गाँव में हुआ और बँटवारे के वक्त दोनों भाई भिड़ गए अपने-अपने सगों की सुन कर और फिर ये रिश्ता कभी बना ही नहीं। ना दोनों पक्षों ने कभी कोशिश की। यहाँ भी फिर पिता जी एक बार टूटे अपने सबसे अज़ीज़ भाई से दूरी की वजह से क्यूँकि उनके खुद के सगे भाई और बाक़ी घर के लोगों के आगे मजबूर तो उनसे मुँह मोड़ना ही पड़ा। कभी-कभी माँ के आगे उनकी बात करते तो कहते सबसे काबिल है वो कुछ ना कुछ ज़रूर बनेगा देखना एक दिन।

दूसरी तरफ़ पिता जी तरक़्क़ी की सीढ़ियाँ चढ़ते गए। भोज़ा उठाने की बेलदारी करने से लेकर आज फल मंडी के जाने माने आड़ती जिनकी बात कोई काट नहीं सकता। पिता जी जितने ईमानदार थे उतने ही कठोर और ज़ुबान से कड़वे। मददगार लेकिन कहीं भी किसी को भी डाँट देना बिना सोचे की सामने वाले को कैसा लगेगा। वो सबको एक जैसा और अपना समझते थे इसलिए हक़ से ऐसा करते और फिर धीरे-धीरे ये उनका स्वभाव बन गया था जिसकी वजह से बहुत से लोग उनसे बात करना पसंद नहीं करते थे। लेकिन काम उनसे ही करना चाहते थे सिर्फ़ उनकी ईमानदारी, ख़ुद्दारी और मेहनती स्वभाव के चलते। उनका ये स्वभाव सिर्फ़ उनके जज़्बाती होने की वजह से था जिसका किसी को समझ आना समझ से परे था। उसके लिए उनके जैसा होना बहुत ज़रूरी था और ये सिर्फ़ उनके ही किसी अंश में हो सकता था और वो था रणविजय। ईमानदार अपने खेल के प्रति, मेहनती अपने खेल के प्रति, जुनूनी अपने खेल के प्रति, दीवानगी, सनक, पागलपन, जज़्बात, इश्क़ सिर्फ़ और सिर्फ़ अपने खेल के प्रति। ऐसा दिमाग़ी तौर पर हिला हुआ कभी किसी ने ना देखा था और ना देखा होगा जिसने भी उसको खेलते देखा। दाएँ

हाथ का सलामी बल्लेबाज़ और बाएँ हाथ का सलामी तेज़ गेंदबाज़। कभी क्रिकेट के इतिहास में ऐसा खिलाड़ी देखा है तो ज़रूर बताना। छोटे-छोटे क्लब से खेलता रहा छुप-छुप कर। माँ हमेशा चोरी छिपे उसको पैसे दे देती बैट और बॉल ख़रीदने के लिए और फ़ीस भरने के लिए। वो अपनी क्रिकेट किट अपने तीसरे माहले पर एक पाटे पर ढक कर छिपा कर रखता था ताकि पिता जी को पता ना चले। बहन की शादी हुई सन 2002 गाँव में वहाँ रणविजय टूर्नामेंट खेलने गया। और उसने ऐसा प्रदर्शन किया कि किसी को समझ ही नहीं आया की ये क्या हुआ मतलब उस क्षेत्र की सबसे बेहतरीन टीम के अव्वल गेंदबाज़ों को, जिनकी तूती बोलती थी उनको वो ऐसे चौक्के छक्के मार रहा था जैसे गली के बच्चे। ये पहली बार था जब वो इतने बड़े किसी ज़िला स्तरीय टूर्नामेंट में खेला और सच तो ये भी था कि उसने सोच तो लिया था कि भारतीय क्रिकेट टीम के लिए खेलेगा लेकिन कैसे और उसके ज़रिए क्या हैं उसको कुछ पता नहीं था बस उसको सिर्फ़ ये था की जहां भी मौक़ा मिलेगा खेलना है और परफ़ॉर्म करना है। जब पूरे क़सबे ने देखा की फलाने भैया का बेटा ग़ज़ब खेलता है तो शोर मच गया। शोर पिता जी के कानों तक भी आया तो उन्होंने कुछ कहा नहीं बस उसको देखा और बोले जाओ काम करो घर में शादी है। शाम को गाँव के बुद्धिजीवियों की मंडली लगी और हीरो कौन रणविजय सिंह। उसकी तारीफ़ों के पुल बांधने में लगे उसके चाचा, गाँव के बाक़ी लड़कें और बुआ के बच्चे। रणविजय को ये तारीफ़ें सुनकर अच्छा तो लगा लेकिन दूसरी तरफ़ वो ये भी सोचता रहा कि आगे क्या। उसको ये पता तो था की वो कमाल का खिलाड़ी है प्रतिभा कूट-कूट कर भरी हुई है। उसने अपने इस उद्देश्य का उसके एक चाचा को बताया जो खुद भी बहुत अच्छे खिलाड़ी थे और वो भी दिल्ली के एक कोने के त्रिलोक पुरी क्षेत्र में रहते थे उन्होंने कहा अगर तू आगे खेलना चाहता है तो किसी बड़े क्लब से खेलना शुरू कर तेरा गेम बहुत अच्छा है।

3

सन 2005

नाम - रणविजय सिंह

जन्म तिथि - 16/01/1984

उम्र - 21 साल

लिंग - पुरुष

बल्लेबाज़ – हाँ (दाएँ हाथ)

गेंदबाज़ - हाँ (बाएँ हाथ)

आल राउंडर - हाँ

सभी 106 खिलाड़ियों के फ़ॉर्म असिस्टेंट कोच के पास और वो सबको नाम और फ़ॉर्म नम्बर के साथ क़तार में आने को बोल रहे हैं। जो बल्लेबाज़ है वो अपने पैड, हैलमेट, एल-गार्ड लगा कर बैट लेके तैयार रहे। और जो गेंदबाज़ हैं वो तपती धूप में सूखे गले के साथ गेंदबाज़ी करने के लिए। फ़ॉर्म नम्बर-7 रणविजय सिंह। कोच ने फ़ॉर्म पर लिखे को पढ़ा नहीं बल्कि चिल्ला-चिल्ला कर बताया और मसखरा भी बनाया और बाक़ी बच्चों को भी ज़ायक़ा मिल गया हँसने का। रणविजय को बुरा लगा लेकिन वो चुपचाप पिच पर गया और स्टैन्स लिया। जो सबसे ज़्यादा हँस रहा था उसका ही ओवर था। रणविजय ने उसकी छह गेंदो को हवा में ऐसे मारा जैसे किसी ने दिवाली के रॉकट जला दिए हों आसमाँ की ओर दिन दहाड़े। असिस्टेंट कोच कुर्सी से खड़े हुए और रणविजय को देखने लगे नज़रबट्टू के जैसे और उसको बोला हाँ बाहर आ जाओ

सिर्फ़ एक ओवर का ही ट्रायल है और सब शांत, सन्नाटा ऐसा जैसे सबको सजाए मौत दे दी गयी हो। उसने अपनी किट में अपना सामान रखा और गेंदबाज़ी के लिए तैयार हुआ असिस्टेंट कोच ने जानबूझ कर उसका फ़ॉर्म सेकंड लास्ट रख दिया निकाल कर क्यूँकि जिस बोलर को उसने रॉकट सिंह बनाया वो क्लब का सबसे पसंदीदा और आगामी रणजी ट्रोफ़ी का चुना हुआ खिलाड़ी था इसलिए ही वो इतना हँस रहा था लेकिन उसकी हँसी बंद कर दी ऐसे पीट कर वो भी नेट में। सोचो ग्राउंड में तो पता नहीं किस-किस कोने में मारता वो। धूप ऐसी की सहा ना जाए और ऐसे में कोच साहेब की ना-इंसाफ़ी ख़ैर। रणविजय की बारी आयी और सबसे अच्छे बैट्स्मेन को नेट पर भेजा गया उससे पहले वाले को हटा कर ताकि रणविजय को भी हवाई फ़ाइअरिंग का मज़ा दिया जाए। लेकिन अब ना कोच को ख़बर थी ना नेट में बल्ला ताने खिलाड़ी को की जिसके हाथ में गेंद दी है उसके लिए वो सिर्फ़ गेंद नहीं बोम्ब का गोला है और ये खेल उसके लिए जीवन मरण और मैदान रणभूमि से कम नहीं। जिस धूप से बच्चे विचलित हो कर इधर उधर छाँव की आड़ ढूँढ रहे थे इस धूप में वो कितने सालों से तपता आया था तो इसके लिए तो ये रीचार्ज होने का स्त्रोत थी। पहली बॉल यॉर्कर और बल्लेबाज़ का अंगूठा टूट गया और वो पिच पर मुँह फाड़ कर ज़ोर-ज़ोर से चिल्लाने लगा। सबकी सिट्टी-बिट्टी उड़ गयी कि कौन आया है अचानक यहाँ। ये सब नज़ारा एक कोने में कुर्सी पकड़ कर बैठे क्लब के फ़िज़ीयो मोईन अली देख रहे थे। उनको एक तरफ़ रणविजय की प्रतिभा दिखी तो दूसरी तरफ़ पक्षपात भी कि ये लड़का ग़लत जगह आ गया है। उन्होंने भी कहा थोड़ा इसको यहाँ का मज़ा लेने दो फिर आगे बात की जाएगी फ़िलहाल यहीं रहने दो। उन्होंने रणविजय में एक खिलाड़ी नहीं बल्कि एक योद्धा देखा जिसके लिए जीतना ही लक्ष्य है किसी भी क़ीमत पर। उसके अंदर उन्होंने जुनून से ज़्यादा पागलपन, दहक की अग्नि को देखा और ये उन्होंने किसी में नहीं देखा था सिवाय कपिल देव, सचिन तेंदुलकर के क़िस्से सुनने के जिनको नेट प्रैक्टिस में नेट से पकड़ कर निकाला जाता था ताकि दूसरे बच्चे भी अभ्यास कर सकें तो उनके लिए जीता जागता एक पागल आ धमका था बड़े धमाके के जैसा। ट्रेनिंग का टाइमिंग था सुबह नौ बजे से दोपहर

चार बजे तक रोज़। लेकिन ये इतना आसान नहीं है जितना आप लोगों को लग रहा है। रणविजय के पिता ने जितनी मेहनत और ईमानदारी से तरक़्क़ी की उतनी ही बईमानी से उनके ख़ुद के लोगों ने उन्हें लूट भी लिया और ख़ूब नुक़सान कराया, पैसों की हेरा फेरी की और नौबत यहाँ तक आयी की उनको अपना सब कुछ बेचना पड़ा सिवाय एक घर के जिसमें वो लोग अब रहते हैं। जो लोग कभी पिता जी की ईमानदारी की क़समें खाते थे आज उनको वही बेवक़ूफ़ और बद-दिमाग़ कहने लगे। इतना नुक़सान हुआ कि घर को भी गिरवी रखना पड़ा ताकि पिता जी फिर से कारोबार शुरू कर सके। और घर चलाने के लिए रणविजय सुबह भी नौकरी करता और रात को भी। इस तरह कई महीने चले फिर उसको एक नौकरी मिली जहां तनख़्वाह अच्छी थी और जिस क्लब से वो खेलना चाहता था उसके क़रीब भी। तो उसने तुरंत वहाँ ट्रायल देना ठीक समझा। उसकी बहन की शादी भी बहुत मुश्किल से पैसे इधर-उधर से उधार लेके हुई। पिता जी बहुत हिम्मत वाले थे तो उन्होंने किसी से कुछ कहा भी नहीं कि ऐसा कुछ हुआ है। हमेशा लड़ते रहे हालात से बस उनके जज़्बाती होने का सिला ये दगा जो उनके दोस्तों ने, रिश्तेदारों ने दिए चोरियाँ और पैसों में घपला करके। बहुत कोशिशों के बाद पिता जी का कारोबार फिर से शुरू हुआ धीमी रफ़्तार में लेकिन हुआ जो कि बहुत ज़रूरी भी था। रणविजय सुबह नौ से दोपहर चार बजे तक प्रैक्टिस करता और शाम पाँच बजे से रात तीन बजे तक फ़ैक्टरी में काम करता। जो भी पैसे मिलते घर दे देता सिर्फ़ फीस निकाल कर जो उसके पिता को पता नहीं था। उनको आज भी यही पता था कि वो डे एंड नाइट दो शिफ़्ट करता है ताकि ज़्यादा पैसे मिलें। बीच-बीच में कई टीमों के खिलाड़ी उसको लेके जाते अपनी-अपनी टीम से खिलाने के लिए जिसके अवज़ में उसको पैसे देते। इस तरह उसकी जेब खर्ची भी निकल जाती।

4

दिल्ली क्रिकेट क्लब

जून की ख़ून जला देने और शरीर को कोयले से भी ज़्यादा काला कर देने वाली धूप और गर्मी में कोई एक ऐसा था जिसको कुछ फ़र्क़ ही नहीं पड़ता था जितना मर्ज़ी उसको भगाओ, गेंदबाज़ी कराओ और बल्लेबाज़ी तो देते ही नहीं थे कोच साहेब। दो महीने ऐसे ही चलता रहा सिर्फ़ गेंदबाज़ी करते रहो। सवाल या कुछ पूछो मत बस गेंद फेंकते रहो जैसे भी आती है। लेकिन सैलाब को कोई कैसे रोक पाएगा जिसने अपने द्रोणाचार्य चुन लिए हों उसको शाक्षात गुरु मिले ना मिले क्या फ़र्क़ पड़ता है। उसने स्पोर्ट मैगज़ीन ख़रीदनी शुरू की जिसमें सचिन तेंदुलकर और वसीम अकरम के इंटव्यू छपते रहते थे जिससे उसको काफ़ी जानकारी मिलती है और हर मैच को बड़े ध्यान से देखना। हर तकनीक पर ग़ौर करना और फिर उसकी प्रैक्टिस करना घर के बग़ल के मैदान में। रणविजय को लगा क्लब में अड्मिशन के बाद उसको बहुत कुछ सीखने को मिलेगा हाँ सीखने को मिला लेकिन क्रिकेट नहीं राजनीति और चापलूसी के दाव पेच जिसे देख कर उसके अंदर के खिलाड़ी को काफ़ी तकलीफ़ हुई। मगर अब कुछ भी हो मैदान फ़तह तो करना ही है। उसके क्रोध की अग्नी की लो और भभक गयी और हौसला चट्टान जैसा मज़बूत हो गया कहावत है ना खिलाड़ी टूटने पर चूर-चूर नहीं होता बल्कि चट्टान जैसा अडिग हो जाता है। राजनीति और चापलूसी से कोई देश के लिए नहीं खेल सकता उसके लिए सिर्फ़ मेहनत,

लगन, जज़्बा और देश भक्ति चाहिए जिसमें कोई छल, कपट ना हो। ईमानदारी और मेहनती इंसान कुछ भी हासिल कर सकता है। रणविजय को गेंदबाज़ी सबसे आख़िरी में मिलती नेट में। फ़ील्डिंग प्रैक्टिस में भी उसके साथ बाक़ी खिलाड़ी ठीक व्यवहार नहीं करते। क्लब के खिलाड़ियों के बीच हर तीन महीने में दो टीम बना कर मैच कराए जाते थे ताकि नज़र रखी जा सके खिलाड़ियों पर कि किस-किस में क्या-क्या कमी हैं ताकि उन कमियों पर काम कराया जाए। पहले मैच के दिन रणविजय आया नहीं क्यूँकि फ़ैक्टरी में काम बहुत था तो देर से घर गया जिसकी वजह से सुबह उठ नहीं पाया समय पर। दूसरे मैच के दिन रणविजय मैदान के किनारे बैंच पर बैठा खिलाड़ियों के नाम सुन रहा है जिनको मैच खेलेने के लिए टीम में लिया गया है। इन बाइस खिलाड़ियों में रणविजय का नाम नहीं था। वो चुपचाप देखता रहा कोच को लेकिन कुछ कहा नहीं और ना कह सकता था। मैच का टॉस हुआ दोनों टीम के खिलाड़ी मैदान में दौड़ रहे हैं, बाजुएँ खोल रहे हैं। कहते हैं ना कोशिश करने वालों की कभी हार नहीं होती और ज़िंदगी हर सेकंड जादू करती है। और किसी की बदक़िस्मती किसी की ख़ुश नसीबी हो जाती है। जी जनाब! बैटिंग टीम के एक गेंदबाज़ भागते हुए कैच पकड़ने के चक्कर में कूदे और हाथ का अँगूठा मुड़ गया। फिर उसका ऑल्टरनेट किसे लिया जाए तब आए भगवान राम के रूप में तारणहार मोईन अली उन्होंने तुरंत कोच को बोला रणविजय को खिलाओ। कोच साहेब को रणविजय आँख में शूल जैसा चुभता था क्यूँकि भाई साहेब ने रणजी खिलाड़ी का अँगूठा तोड़ दिया जिसकी वजह से से उसको दो तीन महीने क्रिकेट प्रैक्टिस ना करने की हिदायत मिली थी डॉक्टर से और शायद इस बार की रणजी भी ना खेल सकेगा और फिर आते ही हवाई फ़ायर भी कर दिया उनके एक तेज़ गेंदबाज़ पर तो गुस्सा आना लाज़मी ही है ना। फ़िज़ीयो सर के कहने पर रणविजय को टीम में शामिल किया गया। मैच शुरू और पहले ओवर में ही हैटरिक जैसे-जैसे विकेट गिरते गए कोच साहेब रणविजय को घूरते गए जैसे उसको टीम में लेने से सब आउट हो रहे हैं। "अहम और वहम बहुत ग़लतफ़ेमी पैदा करते हैं"। फिर एक बार मोईन अली के कहने पर कोच साहेब ने सात नम्बर पर रणविजय को बोला पैड करके बैठो

तुम जाओ अगर अब कोई विकेट गिरा तो। ये बोलते ही रन आउट और रणविजय ने पैड, एल गार्ड, ग्लव्ज़ पहने बिना हेल्मट लगाए बैट लेके चल पड़ा और पीछे से कोच साहेब बोल पड़े हीरो हेल्मट लगा ले वरना कोई तेरा सर खोल देगा बहुत तेज़ गेंद फैंक रहे हैं दिख नहीं रहा है क्या। रणविजय ने देखा और सीधा पिच पर, क्रीस पर स्टैन्स लिया। दूसरे छोर पर खड़ा बल्लेबाज़ बोला भाई हेल्मट पहन लेता यार बहुत तेज़ फैंक रहे हैं और पिच भी बाउन्स कर रही है तुझे लग जाएगी। रणविजय ने बोला आज लगा दूँगा या लगवा लूँगा तू देख बस। और हाँ रन आउट मत करवा देने जैसे अभी उसको कराया। पहली गेंद गुड लेंथ सीधा रणविजय की छाती पर लगी और एक पल के लिए साँस रुक गयी उसकी और वो तुरंत घूम गया, छाती मलने लगा। बाउंड्री के बाहर बैठे कोच साहेब मोईन अली को कहने लगे किसको टीम में रखवा दिया आपने, ट्रायल में तुक्का लगा गया उसका बस। देख लो छाती में पहली बॉल लगी और ऊपर से हेल्मट पहन कर भी नहीं गया ओवर कॉन्फ़िडेंट खिलाड़ी है। आप ही लेके जाना अगर इंजर्ड हुआ तो पहले बता रहा हूँ। अगली गेंद बाउन्सर और रणविजय ने आगे पैर निकाल कर पुल शॉट लगाया मिड विकेट के ऊपर से सीधा बाउंड्री के बाहर छः रन के लिए। इस तरह उसने तीन सिक्स मारे लगातार। चौंतिस गेंद पर सत्तासी रन बना दिए उसने देखते ही देखते। मोईन अली का सीना फ़क्र से चौड़ा हो गया और कोच का सिकुड़ कर बंद गली नुमा क्यूँकि कोच को उसकी ये आक्रामक पारी बिलकुल नहीं पसंद आयी। रणविजय की प्रशंसा करने की बजाए उन्होंने उसकी तरफ़ देखा तक नहीं। वो कुर्सी पर बैठे–बैठे उचकते रहे जब-जब रणविजय ने गेंदबाज़ों की गेंदों पर छक्के चौके मारे उनको इतना भी याद नहीं था कि रणविजय भी उनके क्लब का ही खिलाड़ी है और ये क्लब के खिलाड़ियों के बीच होने वाला मैच है ना की किसी प्रतिद्वंदी टीम से। मैच के बाद मैदान के बाहर रोल वाले का ठेला जहाँ रणविजय डबल एग डबल चिकन और ठंडी बँटा का मज़ा ले रहा है बाकी खिलाड़ियों के साथ। कहते हैं ना कॉम्पटिशन में ईर्ष्या का जनम कुंठा, व्याकुलता और दुष्कर्म को पैदा करता है। जितनी आसानी से रणविजय ने गेंदबाज़ों को धोया और सबके दुर्व्यवहार का बदला मैदान में पीट-पीट कर लिया ठीक वैसे ही सबने

रणविजय के ख़िलाफ़ मुहिम भी चला दी कि कैसे भी करके इसको क्लब से बाहर निकलवाओ।

5

ख़ंजर का मंज़र

खेल में मार पिटाई और कुटाई के क़िस्से, कहानियाँ तो बनती ही रहती हैं लेकिन जब लड़ाई झगड़ा जान पर बन आए तो क्या करेंगे। कभी-कभी आपकी प्रतिभा जिसके बल पर आप दुनिया जीतने निकलते हैं कई बार वही प्रतिभा जान जोखिम में भी डाल देती है। रणविजय जहाँगीरपुरी में रहता था और उसके आस पास की जितनी भी कालोनी थी उन सबकी टीमें थी। ये टेनिस बॉल नाइट टूर्नामेंट था और विजेता टीम को दी जाने वाली राशि भी इक्कसी हज़ार थी और मैन ओफ़ दी सिरीज़ को सात हज़ार नगद राशि। पहले मैच में रणविजय एक ओवर देर से पहुँचा तो कप्तान साहेब ने पारी की शुरूवात चमपक नाम के खिलाड़ी से कराई मजबूरी में और रणविजय से नाराज़ होके बैठ गए। रणविजय जैसे ही पहुँचा पहला विकेट गिरा कैच के रूप में और रणविजय कप्तान साहेब के ठीक सामने। उन्होंने रणविजय को दस गालियाँ दी और बोला देख ले तू नहीं गया तो पहला विकेट पहले ही ओवर में और ये बता कहाँ मर गया थे बे। तुझे पता है ना इस टीम से पहले भी कई मैच हार चुकें हैं और आज फिर से ख़राब शुरूवात हुई। रणविजय बैट लेके क्रीज़ पर स्टैन्स लेता हुआ और पीछे विकेट कीपर ने बोला ज़ीरो पर जाना चाहिए वापस। गेंदबाज़ ने बाउन्सर बॉल डाली और रणविजय ने डक किया और विरोधी टीम के सभी खिलाड़ी चिल्ला-चिल्ला कर चिढ़ा रहे हैं। कवर का फ़ील्डर और स्लिप का फ़ील्डर, विकेट

कीपर बोले अरे इसके बस की नहीं है। घर का शेर है वहीं मार सकता है यहाँ तो इसका मूत निकल गया बाउन्सर देख कर डक कर रहा है डर गया। नान स्ट्राइकर एंड पर खड़े आबिद ने बोला देखते हैं कौन डर रहा है और कौन नहीं समझे सालों ज़्यादा बकवास मत करो। गरमा गरमी हो गयी बॉलर और आबिद में इक दम तनातनी बस अब एक दूसरे पर हाथ छोड़ देंगे ऐसा नज़ारा। अम्पायर ने आ कर बीच बचाव किया और गाली गलोच भी ख़ूब हुई दोनों तरफ़ के कप्तान भी भीड़ गए। लेकिन रणविजय सिर्फ़ समझा रहा था अपनी टीम के खिलाड़ियों को उसने एक शब्द भी नहीं कहा किसी को जब कि विरोधी टीम का विकेट कीपर रणविजय को ऊँगली दिखा-दिखा कर बोल रहा था बहुत बड़े क्लब से खेलता है ना तू। थोड़ी देर की इस नौटंकी के बाद मैच शुरू हुआ और दूसरे ओवर की दूसरी गेंद ओवर पिच रणविजय ने फ्रंट फूट निकल कर सीधा स्ट्रेट ड्राइव मारा गेंद ओवर दा बाउंड्री छः रन के लिए। उसने छः मारने के बाद किसी की तरफ़ नहीं देखा सिर्फ़ आबिद को इशारा किया उसी तरफ़ रह अभी मत आना मेरे पास। तीसरी गेंद बाउन्सर जो उसको आते ही मारी थी जिसके बाद इतना सब बवाल हुआ, बॉलर ने बाउन्सर फेंकी ये सोच कर की वो फिर डक करेगा या बचेगा लेकिन रणविजय ने इतनी ज़ोर से पुल मारा की बॉल बंदूक़ की गोली की तरह सीमा रेखा के पार छः रन के लिए। चौथी बॉल लेग स्टम्प पर फेंकी और उसने उसको फ़्लिक किया स्क्वेर लेग सीमा रेखा के बाहर छः रन के लिए ये भी गेंद गयी। पाँचवी गेंद ऑफ़ स्टम्प के बाहर फ़ुल टोस उसने उसको डीप कवर के ऊपर से छः रन के लिए मार दिया। पीछे से विकेट कीपर अभी भी बाज़ नहीं आ रहा था कुछ ना कुछ बोले जा रहा था। लेकिन रणविजय ने जैसे मानो कानो में रुई ठूस ली हो और उसको सिर्फ़ दिखायी दे रहा था। दूसरे ओवर की अखरी गेंद बॉलर ने यॉर्कर मारी और उसने फ्रंट फूट हटाया और मिड विकेट के ऊपर से छः। पाँच गेंदो में पाँच छक्के। बॉलर हताश चुपचाप चला गया सिर नीचे करके। इस तरह मैच में रणविजय ने अट्ठत्तर रन बनाए जिसमें दस छक्के शामिल थे। टूर्नामेंट में रणविजय की टीम जीतती गयी और रणविजय रन बनाता गया और सेमी फ़ाइनल मैच जीतने के बाद रणविजय अपने दोस्त चमपक के साथ ग्राउंड से

थोड़ी दूर पर खड़ी उसकी बाइक की ओर जा रहा था की अचानक एक बंदा नशे में हाथ में एक लम्बा सा ख़ंजर लिए सीधा रणविजय के सामने और उसके पेट पर लगा दिया। बोला सुन कल का मैच तू नहीं खेलेगा समझा वरना अभी सिर्फ़ पेट पर लगाया है ये ख़ंजर कल खेला तो बेटे पेट के आर पार कर दूँगा। चमपक की आँखें फिर गयी ये दृश्य देख कर मानो बस अभी हग देगा उसके चेहरे पर ऐसे भाव थे डर के। ख़ंजर का मंज़र देख कर उसके तोते उड़ गए। पीछे से दो तीन लड़के आए और हंस कर बोले समझदार है इतने में समझ जाएगा। रास्ते में चमपक बोला अब क्या करेगा भाई ये तो अलग ही भसूड़ी हो गयी। रणविजय कुछ बोला नहीं चुपचाप घर आ गया और अगले दिन विरोधी टीम टॉस जीती बल्लेबाज़ी का फ़ैसला लिया। रणविजय चार ओवर तक नहीं आया। किसी को नहीं पता कहाँ है और क्यूँ नहीं आया उसके घर पर भी बन्दों को भेजा गया वहाँ ताला लगा हुआ था किसी को कुछ समझ नहीं आ रहा था। टूर्नामेंट में नियम था अगर कोई पहले फ़ील्डिंग करने वाली टीम का खिलाड़ी पाँच ओवर तक फ़ील्ड में नहीं आया तो वो मैच में नहीं खेल सकता। पाँचवे ओवर की चौथी गेंद रणविजय फ़ील्ड में धाखिल होता है। कप्तान फिर से आग बबूला दुबारा दस गालियाँ बजाए पूछने की क्या हुआ कहाँ रह गया था। बोलिंग करने आया रन दे दिए और बल्लेबाज़ी करने आया पहली बॉल पर बोल्ड हो गया वो भी फ़ाइनल में उसको देख कर लगा रहा था जैसे वो बे-मन खेल रहा है। मैच बहुत ही नज़दीक तक हुआ लेकिन रणविजय की टीम फ़ाइनल हार गयी। मैन ऑफ़ दी सिरीज़ रणविजय को मिला और वो नगद पैसे लेके इक दम से ग़ायब हो गया जैसे हवा। चमपक ने कल रात की घटना सबको बताई तो सबको लगा रणविजय ने जानबूझ कर डर से किया ताकि वो लड़के उसको जान से ना मार दे लेकिन सच्चाई किसी को नहीं पता थी। अगले दिन रात को सात बजे चंपक को पता लगा रणविजय के भाई हैरी से की माँ आई सी यू में है कल से। बहुत ज़्यादा तबियत ख़राब है भाई और पापा वहीं हैं। चमपक का दिमाग़ झन्ना गया और वो हैरी को तुरंत लेके गया हॉस्पिटल जहाँ आइ सी यू गेट के बाहर रणविजय बैंच पर बैठा है चुपचाप बुत बना। चमपक रणविजय के काँधे पर हाथ रखता है और बिना बोले उसके बग़ल में बैठ

जाता है। पैसों की ज़रूरत थी इसलिए मैन ऑफ़ दी सिरीज़ के पैसों लेके तुरंत चला आया बिना किसी को बताए। मैं जानता हूँ तुझे या बाक़ियों को क्या लगा होगा। चमपक कुछ नहीं बोला बस धीरे से मुस्कुराया और बैठा रहा रणविजय के बग़ल में। मेरे लिए ये खेल सिर्फ़ खेल नहीं तू और बाक़ी सब लोग जानते हैं जो भी मेरी जान पहचान के हैं लेकिन मेरे माँ बाप से बढ़कर नहीं। मैं सब कुछ छोड़ सकता हूँ क्रिकेट के लिए लेकिन माँ बाप को नहीं। रणविजय का जज़्बाती होना उसको विरासत में मिला था अपने पिता से, रिश्तों के लिए ख़ुद को क़ुर्बान कर देना भी उसके पिता की ही दी हुई धरोहर थी जो उसके ख़ून में संस्कार की तरह बहती थी। यही कारण था की वो अपनी मरती माँ को छोड़ कर गया लेकिन माँ उसके ज़हन में ही थी जिस वजह से वो खेल के मैदान में बे-शुद, बौखलाया खेल रहा था बे-ख़बर की तरह। एक हफ़्ते आइ सी यू में रहने के बाद माँ जेनरल वार्ड में लाई गयी। तब तक रणविजय ना फ़ैक्टरी गया ना क्लब प्रैक्टिस करने और ना किसी से मिला। उसकी टीम के खिलाड़ी मिलने आए और सबने उससे माफ़ी भी माँगी ख़ुद के दिमाग़ में ग़लतफ़ेमी उगाने के लिए। रणविजय को क्लब से खेलते हुए लगभग एक साल होने को था लेकिन कहीं भी उसको बड़े स्तर पर खेलने का मौक़ा नहीं मिला और ना ही मौक़ा मिलने के आसार दिख रहे थे। मोईन भाई रणविजय को एक बड़े भाई की तरह सांत्वना देते रहते बीच-बीच में जब भी वो बौखलाता या गुस्से से भर जाता। मोईन भाई को पता था रणविजय प्रतिभाशाली है इसलिए गुस्सेल है लेकिन प्रतिभा के साथ-साथ समझ और सबर होना भी ज़रूरी है एक अच्छे खिलाड़ी के लिए। एक दिन प्रैक्टिस के बाद मोईन भाई बोले तू दूसरे क्लब के लिए एक मैच खेलेगा। रणविजय बोला लेकिन मैं तो यहाँ से खेलता हूँ। वो बोले उससे कोई फ़र्क़ नहीं पड़ता किसी को पता नहीं चलेगा। मैच बरेली उत्तर प्रदेश में है वो भी डिस्ट्रिक्ट स्तर का दिल्ली से बाहर तो बे-फ़िकर होकर चल सकता है। और वैसे भी यहाँ तुझे मौक़ा मिलने से रहा इसलिए जहाँ से मौक़ा मिले वहाँ से खेलता रह। एक बार सलेक्टर की नज़र में आजा बस उसके बाद तू क्या है तुझे ख़ुद भी नहीं पता सरफिरे। रणविजय हँस कर बोला आप जैसा बोलो मैं करूँगा मुझे बस खेलना है किसी भी शहर, छेत्र से, मेरी मंज़िल बस वो नीली जर्सी है

जिस पर मेरा नाम और मेरे देश का झंडा है।

6

दिल्ली वर्सेस बरेली

जितनी अमीरी रणविजय ने देखी उतनी ही मुफ़लिसी के दिन थे। ना अच्छा बैट ख़रीदने के पैसे, ना अच्छे पैड, ना अच्छे जूते, हेल्मट भी साधारण सा कुल मिला कर काम चलाऊँ। हाँ मगर कुछ मज़बूत, ठोस और टिकाऊ था तो उसका हौसला, जज़्बा और विपक्षी टीम की आँख में आँख डाल कर लड़ने की हिम्मत। उत्तर प्रदेश अपनी भाषा, अपने इतिहास और तेवर से भरे लोगों के लिए प्रसिद्ध है। जहाँ बात-बात पर गोली, बंदूक़, तमंचा, हम फलना हैं, हम ढिमकाना हैं और पैसे मुँह पर मार देने की बात, बात-बात पर आ जाती है। अब क्रिकेट केवल एक खेल नहीं दबंग, पैसा वाले लोग, औहदा वाले लोग, सिफ़ारशी लोगों का गड़ बनता जा रहा था। सिलेक्शन अब प्रतिभा कम और कौन किसका क्या है उसपे ज़्यादा निर्भर कर रहा था राज्य स्तर पर। पक्षपात अपनी चरम सीमा पर तांडव और परचम लहरा रहा था। मैच है उत्तर प्रदेश बरेली टीम वर्सेस दिल्ली रेल्वे टीम जिसमें अंडर 25 के खिलाड़ी ही खेल सकते हैं। ये पहली बार था जब वो ऐसे किसी बड़ी टीम के साथ किसी बड़ी टीम के विरुद्ध खेलने जा रहा था। और दोनों टीमों में कई बड़े नामी ग्रामी खिलाड़ी खेल रहे थे जिनके नाम का डंका हर शहर में था। मोईन अली दिल्ली रेल्वे टीम के कप्तान के बचपन के दोस्त थे तो उन्होंने रणविजय के बारे में बताया हुआ था और उनको एक ऑल राउंडर खिलाड़ी की ज़रूरत थी जो निचले क्रम पर आ कर आक्रामक खेल खेले और गेंदबाज़ी

भी अच्छी करता हो। मैच से थोड़ी देर पहले रणविजय चुपचाप ग्राउंड के किनारे सबसे अलग बैठा है और हाथ में धूल लिए गिरा रहा है और फिर हाथों में धूल भर रहा है। मोईन भाई रणविजय की हर हरकत को बहुत ध्यान से देखते और समझने लगते की ये ऐसा क्यूँ कर रहा है। उन्होंने रणविजय को आवाज़ लगाई अरे मेरे तूफ़ान आजा इधर टीम मीटिंग हो रही है तू वहाँ क्या अकेले बैठा धूल छान रहा है। रणविजय उठा और ठीक कप्तान के सामने। उन्होंने सबको एक दूसरे का परिचय दिया और कराया। मैच का टॉस हुआ और टॉस जीत कर पहले गेंदबाज़ी का फ़ैसला किया। मोईन भाई ने ग्राउंड से बाहर जाते-जाते सिर्फ़ इतना बोला अपने दोस्त और दिल्ली रेल्वे के कप्तान को की ये क़हर ढाह देगा नई गेंद से। विपक्षी टीम के बल्लेबाज़ पिच पर आए। अम्पायर ने बोला मैच शुरू करें और अचानक दिल्ली रेल्वे के कप्तान ने रणविजय को आवाज़ लगाई हाथ का इशारा करते हुए जो थर्ड मैन पर खड़ा था ओए जर्सी No.7। रणविजय भागा हुआ आया और बोला हाँ जी भईया, उन्होंने रेगुलर प्रारम्भिक गेंदबाज़ के हाथ से गेंद ली और उसको थमा दी और बोले जा कर पहला ओवर। रणविजय ने गेंद थामी और बिना कुछ कहे सीधा रनअप लेने लगा फिर बोला भईया दो स्लिप चाहिए, डीप पोईंट, शॉर्ट कवर थोड़ा पास में और मिड आन का फ़ील्डर अंदर कर दो, मिड विकेट का पीछे। कप्तान साहेब हँसे और फ़ील्ड बिलकुल वैसी ही लगाई जैसी रणविजय ने बोली। अम्पायर ने बोला दाए हाथ का तेज़ गेंदबाज़ ओवर दी विकेट। पहली बॉल इतनी ज़ोर लगा कर फेंकी की रणविजय को दिन में तारे दिख गए फ़ील्ड पर और वो लड़खड़ा कर पिच पर गिर पड़ा और सामने बल्लेबाज़ को यॉर्कर पहली गेंद मिडल स्टम्प टूट गया। कुछ सेकंड़ उसको समझ ही नहीं आया की हुआ क्या और वो हक्क-बक्का सा पिच पर बैठा रहा। विकेट कीपर ने हाथ बढ़ाया और उसको खड़ा किया सहारा दे कर। मोईन भाई इस मैच के फ़िज़ीयो थे। उन्होंने तुरंत टवेल्थ मैन को गुलकोस की बॉटल देके भेजा की जाओ उसको पीलाओ क्यूँकि वो जानते थे कि ये सरफिरा आत्मा तक निकाल कर दाव पर लगा देगा आज। किसी भी हद तक जाएगा मैच जीतने के लिए। रणविजय दूसरी बॉल लेके तैयार और सामने हैं इंडिया-ए के माध्यम क्रम के बल्लेबाज़

जिन्होंने काफ़ी अच्छा प्रदर्शन किया ऑस्ट्रेलिया दौरे पर। टाइट पैड, एल्बो कवर, हेल्मट के अंदर से झाँकती उनकी आक्रामक आँखें जो सिर्फ़ इंतज़ार कर रही थी रणविजय के गेंद फेंकने का और बे सबरी से उसको सीमा रेखा से बाहर जाते हुए देखने का। नक्कल गेंद वो भी धीमी गति की बैट पर लगी और सीधा रणविजय के हाथ में। वो चौंक गए की ये कैसी गेंद थी जो इसने फेंकी। और वो हँसते हुए रणविजय को देखते हुए ग्राउंड के बाहर निकल गए। रणविजय और बाक़ी खिलाड़ियों ने ख़ुशी मनाई और कप्तान ने बोला ये जो खिलाड़ी आ रहा है ये पहली बाल से बाहर निकल कर मारेगा इसकी नैचरल गेम ही अटैक करना है तो तू बता फ़ील्ड सेम रखेगा या बदलनी है। रणविजय ने बोला सबको अंदर बुला लो सिर्फ़ डीप पोईंट को छोड़ दो। कप्तान साहेब देखने लगे रणविजय की तरफ़ और बोले हल्के में मत ले बहुत मारता है ये अगर टिक गया तो। रणविजय धीमे से मुसकाया और कहा सिली पोईंट लगा दो मिड ऑफ़ के प्लेअर को हटा कर। सबको अंदर देख कर विपक्षी टीम के खिलाड़ी चौंक गए और बातें बनाने लगे की ये कौन है जो इतना हल्के में ले रहा है इतने आक्रामक खिलाड़ी को शायद ये कोई नया लड़का है जिसको इसके बारे में ख़बर नहीं चलो कोई ना अभी इसकी धुनाई होगी तो ख़बर लग जाएगी और फिर कभी नहीं भूलेगा। तीसरी गेंद हैटरिक के लिए ऑफ़ स्टम्प के बाहर पटकी हुई गेंद और बल्लेबाज़ ने अपने नेचर के हिसाब से बल्ला चला दिया और गेंद ऐसे निकली जैसे कमान से तीर छूटा हो। तेज़ी से गेंद सीधा सीमा रेखा पर डीप पोईंट के हाथ पर लगी और छटक गयी हवा में। कैच छूट गया और रणविजय सिर पर हाथ रख कर पिच पर बैठ गया। और अगली दो गेंद को संभाल कर खेला और आखिरी गेंद पर चार रन मार दिया। रणविजय गुस्से से आग बबूला हुआ पड़ा था। दूसरे ओवर में अगले गेंदबाज़ को दो छक्के मारे गए। तीसरा ओवर लेके रणविजय फिर से रनअप के लिए गया। वही तेज़ तर्रार बल्लेबाज़ जिसकी बल्लेबाज़ी के क़सीदे सब लोग पढ़ रहे थे और कप्तान ने भी रणविजय को आगाह किया था कि अगर ये टिका तो धनिया बो देगा मार-मार कर। जिसका नमूना उसने रणविजय को आखिरी गेंद पर और दूसरे गेंदबाज़ को दो छक्के लगा दे दिया था। रणविजय ने यॉर्कर मारने

की कोशिश की और बल्लेबाज़ ने आगे निकल कर फुल टॉस बना गेंद को मिड आन के ऊपर से दे मारी छ रन के लिए। दूसरी गेंद ऑफ़ स्टम्प के बाहर उसको उसने कवर और मिड ऑफ़ के बीच में चार रन के लिए ड्राइव कर दिया। तीसरी गेंद फेंकी और बल्लेबाज़ बोल्ड, हैं??? ये क्या हुआ सबकी आँखें फटी की फटी रह गयी। किसी को यक़ीन ही नहीं था की इतनी तेज़ गेंद फेंकने वाले गेंदबाज़ ने ये कैसी लेग ब्रेक गेंद फेंक दी जैसे कोई स्पिनर। ये ऐसी गेंद थी जिसका अभ्यास रणविजय क्लब में नहीं बल्कि घर के बग़ल के पार्क में किया करता था अपने भाई हैरी के साथ। जिसके बारे में मोईन भाई को भी नहीं पता था और वो भी ये गेंद देख कर चौंक पड़े थे और बोले क्या आफ़त है ये बंदा। रणविजय ने सेम ऐक्शन पर लेग ब्रेक फेंक दी चतुराई के साथ और बल्लेबाज़ आगे निकल बल्ला घुमाया और गेंद पैड बैट के बीच से साँप की तरह लहराती हुई मिडल स्टम्प पर जा लगी। बल्लेबाज़ अचम्भित चकराया सा कभी पिच, कभी गेंद, कभी ख़ुद को, कभी बिखरे स्टम्प को और कभी रणविजय को देख रहा था। उसकी समझ से परे थी ये गेंद क्यूँकि वो इंडिया ए टीम का माध्यम क्रम का आक्रामक बल्लेबाज़ और इस तरह धरासाही हो गया किसी का छोड़ो उसको यक़ीन ही नहीं हुआ और वो पिच से जाने को तैयार ही नहीं और जहां गेंद का टप्पा पड़ा उसको छू कर देखने लगा की कहीं खड्डा तो नहीं है जिस पर लग कर इतनी घूमी ये गेंद पर कुछ नहीं था ऐसा। उसको या किसी को क्या ख़बर कि इस गेंद को फेंकने के लिए सही ढंग से उसने कितनी रातें जग्राता किया और अपने भाई हैरी को भी कराया। वो सन्नाटे में गर्दन हिलाता हुआ और ग्लव्ज़ फेंक कर चेंजिंग रूम में चला गया और बहुत देर तक आया ही नहीं। और इधर मैच में रणविजय की धार धार गेंदबाज़ी ने उन्हें धरासाही कर डाला। रणविजय ने चार ओवर फेंक कर पाँच विकेट लिए और 18 रन दिए केवल। विपक्षी टीम ने बीस ओवर में फिर भी 141 रन का स्कोर खड़ा कर दिया क्यूँकि रणविजय को छोड़ कर बाक़ी सबकी कुटाई और सुताई हुई। पहली पारी समाप्त और ब्रेक था पन्द्रह मिनट का। मोईन भाई आए और बोले अबे ये क्या गेंद फेंकी थी तूने मैंने तो तुझे इतने महीनो में कभी नहीं देखा ऐसी गेंद का अभ्यास करते हुए क्लब में। या

तुक्का लग गया तेरा और वो ये कहकर हँसने लगे साथ में रणविजय भी हँस पड़ा और बोला नहीं इसका अभ्यास घर के पार्क में रात में करता था जब-जब टाइम मिलता है। आपने देखा होगा मैं हाथ में धूल लेके गिरा रहा था बार-बार क्यूँकि मैं हवा की दिशा जाँच रहा था कि किस और की है और क़िस्मत से हवा मेरे पक्ष में थी और बल्लेबाज़ का स्टम्प ज़मीन पर। मोईन भाई हँसे फिर बोले सुन ध्यान से मैने कप्तान को बोला तुझे ऊपर भेजने को ताकि तेज़ी से रन बन जाए। अगर वो बोले पैड करने को तो तुरंत तैयार हो जाना समझा आज तेरा दिन है और सिलेक्शन कमिटी के कुछ लोग आए हुए हैं उत्तर प्रदेश के अगर उनकी नज़र में आ गया तो यहाँ से रणजी खेल सकता है। रणविजय ने सिर्फ़ हम्म में जवाब दिया और बोला पूरा दम लगा दूँगा। बल्लेबाज़ी शुरू हुई चार ओवर सोलह रन ज़ीरो विकेट। दोनों बल्लेबाज़ विकेट बचा-बचा कर खेल रहे हैं जैसे ये टी20 नहीं बल्कि पाँच दिन का टेस्ट मैच हो। रणविजय ठीक मोईन भाई के बग़ल में बैठा दोनों पैरों को हिलाए जा रहा है और मोईन भाई समझ रहे हैं कि ये बावला क्या सोच रहा है। उसके घुटने पर हाथ रख कर बोले मत हिला। तुझपे ही हार जीत टिकेगी आकर। और हाँ जो हमेशा बोलता हूँ संयम और गेम को कैसे चलाना है वो आना ज़रूरी है अच्छे खिलाड़ी के लिए। विस्फोट भी तब करना है जब करो या मरो की स्थिति हो वरना सूझबूझ से बिना जोखिम उठाए भी रन बन जाते हैं। रणविजय ने हम्म जवाब दिया और मोईन भाई ने उसके बाल पकड़ के नोचे और बोले करेगा तो तू अपने मन की ही हम्म-हम्म कर देता है सिरफिरे। सातवें ओवर की दूसरी गेंद फ़ैंकने के लिए गेंदबाज़ तैयार और बल्लेबाज़ ने भी अपनी नज़र उसकी और पक्की की। गेंद आयी उठा कर मारा सीधा स्क्वेर लेग के फ़ील्डर के हाथ में कैच और बल्लेबाज़ आउट। और स्कोर है टीम का इक्कीस रन। कप्तान साहेब वन डाउन क्रम पर गए और कुछ ज़ोरदार ताबड़ तोड़ शॉट्स लगाए, रन की गति को बढ़ाया और इस चक्कर में वो बोल्ड भी हो गए। कुल स्कोर है बारह ओवर में बहत्तर दो विकेट के नुक़सान पर। तीसरा विकेट दो गेंद के बाद ही स्टम्प आउट। कप्तान ने मोईन भाई की तरफ़ जैसे ही देखा उन्होंने तुरंत आँखों से रणविजय को भेजने का इशारा किया और कप्तान ने रणविजय को

बोला हाँ जर्सी No.7 पैड कर अब अगली बारी तेरी और रणविजय खड़ा हुआ किट बैग उठाया और तैयार होने लगा और चुपचाप तैयार हो कर कुर्सी पर जा कर बैठ गया अपनी बारी के इंतज़ार में पाँच ओवर बचे हैं और बासठ रन की दरकार। काम बहुत कठिन लेकिन ग़र हिम्मत हो तो आप क्या नहीं कर सकते। रणविजय बेसब्री से बैट लेके तिलमिला रहा था क्यूँकि वो जानता था कि ये रन वो बना देगा। तभी विकेट गिरा रन आउट के रूप में और कप्तान ने बोला भी नहीं और रणविजय सीधा मैदान में। वो जब मैदान में उतरता था तो ऐसे लगता था कोई जंग के लिए आ रहा है तब ये क्रिकेट की जर्सी, पजामा, पैड, ग्लव्ज़, हेलमेट सब उसके शस्त्र लगते थे। आया सीधा स्टैन्स लिया। मोईन भाई उसको दूर से इशारे से समझा रहे थे की संयम से और ध्यान से देख कर, ग़ुस्से से नहीं। आक्रामकता उसका खेलने का अन्दाज़ थी जो उसको बाक़ी सबसे बहुत अलग कर देती। संयम जिसको करना है करे और ध्यान की मुद्रा में वो हर वक्त था जिसको सिर्फ़ गेंद आती हुई दिखती और बाउंड्री के बाहर जाती हुई दिखती। हेलमेट के अंदर से वो गेंदबाज़ की उँगलियाँ निहार रहा था उसकी आँखों में आँखें डाल कर उसको घूर रहा था बिना संकोच और किसी भय के। उसने बाउन्सर मारी और पुलशॉट गेंद सीधा सीमा रेखा के बाहर छ रन। इस ओवर में दो छक्के एक चौका, एक रन भाग कर सत्रह रन रणविजय ने बटोर लिए।आख़िरी ओवर और उन्नीस रन की ज़रूरत मैच जीतने के लिए। रणविजय नोन स्ट्राइकर एंड पर खड़ा है क्यूँकि उसने पिछले ओवर की आख़िरी गेंद पर छक्का लगाया था। बल्लेबाज़ ने पहली बॉल मिस कर दी बड़ा शॉट लगाने के चक्कर में और रणविजय भागा–भागा गया और बोला भाई आप सिंगल लेके स्ट्राइक मुझे दो नहीं भी लगेगी गेंद बैट से तब भी भाग लेना। दूसरी गेंद भी मिस लेकिन रणविजय भाग लिया और छलांग लगा दी, गेंद स्टम्प पर दे मारी विकेट कीपर ने लेकिन रणविजय पहुँच गया था। अब चाहिए चार गेंद और अट्ठारह रन। रणविजय ने लगातार तीन छक्के मार कर मैच जिता दिया। विरोधी टीम को समझ ही नहीं आया अकेले बंदे ने गेंदबाज़ी और बल्लेबाज़ी दोनों में नाकों चंने चबवा दिए। मैच के पुरस्कार मिले और रणविजय को भी मैन ऑफ़ दी मैच दिया गया अच्छी गेंदबाज़ी और

विजयी पारी खेलने के लिए। वापसी में आते हुए मोईन भाई बोले देख तुझे उत्तर प्रदेश से खेलने का मौक़ा मिलेगा ज़रूर आज के मैच के प्रदर्शन से। तुझे जैसे ही यहाँ से खेलने का मौक़ा मिले तुरंत चले जाना। अपना क्लब का नाम बड़ा है वहाँ से कई खिलाड़ी निकले हैं भारतीय क्रिकेट टीम के लिए लेकिन तुझे भी पता है पक्षपात और राजनीति का गड़ बन गयी है वो जगह जहां तेरे जैसे खिलाड़ी का सिर्फ़ शोषण होगा या समय व्यर्थ। रणविजय ने बोला आप चिंता मत करो मैं खेलना चाहता हूँ कहीं से भी खेलूँ मेरा मुक़ाम कोई क्लब या किसी राज्य स्तरिए टीम नहीं है। मुझे मेरे देश के लिए खेलना है बस वहाँ तक पहुँचने के लिए ये सब जगह सिर्फ़ रास्ते हैं और रास्ते में रोड़े, खड्डे, टूटी सड़के आती ही हैं। ऐसे ही कितने मैच में उसने धमाकेदार बल्लेबाज़ी की तो कहीं गेंदबाज़ी से दूसरी टीमों की बखिया उधेड़ दी।

7

दिल्ली "अंडर 22" रणजी

दिल्ली अंडर 22 रणजी के ट्रायल होने वाले थे सबको अपनी उम्र प्रमाण पत्र देना है। जिसकी उम्र ज़्यादा वो प्रामद पत्र जुगाड़ने में लगा था और जिसकी उम्र बाइस थी वो सिफ़ारिश। रणविजय सिर्फ़ अपने खेल में मसरुफ और मगरूर जो कह लो या समझ लो। क्लब की तरफ़ से लड़कों के नाम गए दिल्ली क्रिकेट बोर्ड को लेकिन रणविजय का नाम ही नहीं था जिसके चक्कर में उसने उत्तर प्रदेश से ना खेलने का निर्णय लिया क्यूँकि मोईन भाई को हेड कोच ने बोला दिल्ली से खेलेगा वो अपने क्लब से। अच्छा खिलाड़ी है वो और मेहनती भी उन्होंने मोईन भाई को आसवासन दिया कि उसका नाम जाएगा ट्रायल के लिए लेकिन सूची में उसका नाम ही नहीं लिखा गया। जिनके नाम थे सब ट्रायल देके आए और कुछ ही खिलाड़ी चुने गए जिसका रणविजय को कुछ अता पता नहीं। और ना ही मोईन भाई को वो दोपहर में आए रणविजय उदास चुपचाप पानी की बॉटल हाथ में लिए बैठा है एक तरफ़ और सबको बहुत ही मायूसी भरी निगाहों से देखे जा रहा है इक टुक। थोड़ी देर बाद उनको सब पता लगा और उन्होंने जब हेड कोच से जवाब तलब किया तो उन्होंने मोईन भाई को ताना मारते हुए कहा उत्तर प्रदेश से खिला ले जैसे अभी लेके गया था चोरी छुपे। क्लब में और भी बहुत अच्छे खिलाड़ी हैं जो उससे पहले यहाँ

आए उनको मौक़ा ना दूँ। मोईन भाई बोले मौक़ा देने को मना नहीं किया लेकिन वो सबसे बेहतरीन है और ये बात आप भी जानते हो जिस दिन वो यहाँ से चला जाएगा आप बहुत पछताओगे। हेड कोच बोले मोईन तू बहुत जज़्बाती हो रहा है उसको लेके अगले साल दे देगा ट्रायल अभी बहुत वक़्त है उसके पास। आज का दिन ना मोईन भाई भूले और ना रणविजय। वो किसी से नहीं बोला ना किसी खिलाड़ी से, ना हेड कोच से और ना मोईन भाई से। पैड और हेल्मट पहन कर पिच पर रनिंग किए जा रहा था या अपने बेबस अशांत मन को शांत करने की कोशिश कर रहा था। मोईन भाई ख़ुद की और रणविजय की नज़र में छोटा महसूस कर रहे थे इस घटना के बाद। कई दिन बीत गए रणविजय क्लब आता लेकिन किसी से कुछ नहीं कहता सिर्फ़ कोच जो बोलते वो करता और चुपचाप चला जाता अभ्यास सत्र के बाद। फ़ैक्टरी में भी वो ज़्यादा किसी से बात नहीं करता था। रणविजय के बहुत कम दोस्त थे और जो थे वो उनके साथ ही रहना, हँसना बोलना पसंद करता था। वो अपने इन दोस्तों के पास भी नहीं जाता था। एक दिन अचानक मोईन भाई ने दूसरे क्लब में नौकरी पकड़ ली क्यूँकि यहाँ रणविजय जैसे और भी खिलाड़ी थे जिनके साथ पक्षपात होता था और होता आया लेकिन रणविजय के लिए उनको बहुत दुःख हुआ और हेड कोच से भी कहा सुनी हो गयी तो उन्होंने यहाँ से जाना ही उचित समझा। जिस दिन गए रणविजय क्लब के गेट तक पहुँचा ही था कि पीछे से मोईन भाई ने आवाज़ लगाई रणविजय रुक जर्सी No.7 वो रुका और देखा उनकी तरफ़ वो बोले मैंने यहाँ से नौकरी छोड़ दी। वो क्लब काफ़ी छोटे स्तर का और गाजियाबाद में तनखवा अच्छी है और माहौल भी अच्छा है। रणविजय कुछ ज़्यादा बोला नहीं बस कहा आपने सोच समझ कर ही ये निर्णय लिया होगा। क्लब से थोड़ी दूरी पर जा कर वो फूट-फूट कर रोया मोईन भाई के इस फ़ैसले पर। उनके जाने के बाद रणविजय इक दम अकेला पड़ गया क्लब में। उसको अब ना समझने वाला था कोई और ना समझाने वाला। मोईन भाई ने जाते-जाते बस एक ही बात कही थी की तू मर जाना पर क्रिकेट मत छोड़ना कितनी भी अड़चने आए, हिम्मत टूटे, गुस्सा आए दूसरों पर, ये खेल तेरे जैसों के लिए ही बना है। बस खेलते रहना समझा और काँधे पर हाथ थपथपा कर

चले गए थे। रणविजय के घर के हालात फिर से ख़राब होते गए क्यूँकि पिता जी ने फिर वही ग़लतियाँ दुबारा दोहरा डाली जिन्होंने लूटा उनसे ही फिर से कारोबार किया और नुक़सान इस हद तक हुआ की उन्होंने आत्महत्या करने की सोची जिसको जान कर वो सहम और डर गया। तक़ाज़ा करने वाले घर आने लगे ये वही लोग थे जो उनकी ईमानदारी और सच्चाई की क़समें खाते थे। कहते है ना कि बुरे वक़्त पर साया भी साथ छोड़ देता है ठीक वैसा ही हुआ फिर से। रणविजय केवल बाइस साल का लड़का था जिसने हिम्मत दिखाई अपने परिवार को मदद करने की कुछ पैसे कमा कर लाने में और साथ ही अपने जुनून को हासिल करने के लिए। वक़्त की धार बहुत पैनी होती है अच्छे अच्छों को चीर फाड़ कर रख देती है और यहाँ तो बाइस साल का एक नवयुवक था जिसके लिए घर के हालात और ख़ुद के भीतर चल रहे दंगल दोनों से लड़ना बहुत ही कठिन और कठोर था।

8
सन 2007

लगातार ख़ुद से और पारिवारिक हालातों से लड़ता जूँजता रणविजय बस इधर उधर खेलता रहा। ना कोई राह ना कोई सुझाव कि किस तरफ़ जाना है और क्या करना है। मोईन भाई के जाने के बाद वो क्लब में भी इक गुमनाम खिलाड़ी सा दिखता जिसका कोई उद्देश्य ही नहीं हो। कोई ऐसा था ही नहीं जिससे वो अपने मन के भीतर अनगिनत सवालों के जवाब माँग सके या कह सके कि मुझे राह दिखाओ। जो मिलता वो बस अपनी ही दौड़ दौड़ रहा था। किसी को किसी की ना पड़ी थी क्यूँकि सबको अपनी दौड़ दौड़नी थी। पिता के कारोबार का तहस नहस होना रणविजय के लिए एक इम्तिहान सा हो गया था क्यूँकि फ़ैक्टरी की नौकरी से सिर्फ़ घर चल सकता था अब, क्लब की फ़ीस और क्रिकेट का बाक़ी सामान लेना असम्भव था। तीन महीने हो चुके थे और कोच ने पूछा हाँ हीरो इस महीने भी फ़ीस नहीं देगा क्या? रणविजय ने मायूस नज़रों से देखा और बोला सर थोड़ा और वक़्त दे दो और अपने घर की समस्या समझाई। कोच बोले तीन महीने तक तेरी हर बात को समझ ही रहा हूँ रणविजय लेकिन अब फ़ीस देनी होगी वरना क्लब छोड़ दे। क्यूँकि तू राज्य स्तर का खिलाड़ी भी नहीं है जिस पर हम इन्वेस्ट करें और ना तेरा सिलेक्शन होना है। बुरा मत मान लेकिन तू सिर्फ़ एक औसतन खिलाड़ी है जिसका कभी-कभी लप्पा लगा तो ठीक है वरना कुछ नहीं। रणविजय ने कुछ नहीं कहा और चुपचाप किट बैग उठाया और चल दिया और चलता रहा

है, आँख से आँसू गिरते रहे। कई किलोमीटर चलने के बाद एक फ़्लाई-ओवर पर जा कर रुका खड़ा हुआ और किट बैग को नीचे रख कर उसकी दीवार पर चढ़ गया और कूदने का सोचा फिर अचानक दूसरे ही पल माँ बाप का ख़्याल आया और वो रुक गया नीचे उतर गया फ़्लाई-ओवर की दीवार से। रणविजय का घर क्लब से इकतालिस किलोमीटर दूर था और उस दिन वो घर तक पैदल ही चला गया, रास्ते में कभी रुका, कहीं बैठा, कहीं ख़ूब फूट-फूट कर रोया। घर पहुचने से पहले एक बहुत बड़ा नाला आता था जिसमें कई कॉलनीज़ का गंदा पानी निकलता था उसने अपनी क्रिकेट किट उसमें फेंक दी। काँधे से जुनून का भोझ उतार कर फेंक तो आया था रणविजय लेकिन दर्द, तकलीफ़ से भरा दिल लिए ख़ाली हाथ घर लौटा। कुछ बचा था तो सिर्फ़ उसकी वो जर्सी जिस पर लिखा था NO.7 जो उसे बरेली के ख़िलाफ़ खेले गए मैच में मिली थी और वो नम्बर उसकी पहचान क्यूँकि उसको कोई नाम से नहीं बल्कि जर्सी NO. 7 से बुलाते। ये जर्सी NO.7 उसकी शख़्सियत बन गयी थी। कई दिनों तक वो ख़ामोश, निर्जीव, भावहीन और उदास रहा। एक रात जब वो पार्क में बैठा चुपचाप अपनी ही धुन में खोया हुआ था तब उसके भाई हैरी ने पूछा क्या हुआ तू बहुत दिनों से क्लब नहीं जा रहा और ना तेरा किट बैग दिख रहा है। क्या बात है सब ठीक है? रणविजय ने हैरी की तरफ़ देखा और बोला क्लब छोड़ दिया। हैरी चौंक कर खड़ा हो गया बैंच से और बोला तू पागल हो गया है क्या? क्यूँ मज़ाक़ कर रहा है? रणविजय ने बोला नहीं सच कह रहा हूँ। मैं बहुत साधारण खिलाड़ी हूँ कोच को मुझमें प्रतिभा नहीं दिखती हैरी और शायद है भी नहीं। इसलिए मेरा नाम कहीं नहीं भेजा गया क्लब कि तरफ़ से और मेरे साथ के खिलाड़ी भी मुझसे बेहतर हैं तभी उनका सिलेक्शन हर जगह होता है। हैरी बोलता है वो सब तुझसे कहीं से भी बेहतर नहीं हैं भाई तू इतनी जल्दी हिम्मत मत हार। मुश्किलें आती हैं और आएँगी इतना आसान सफ़र होता तो पूरे देश में क्रिकेट खेलने वाले खिलाड़ी भारतीय टीम के ग्यारह खिलाड़ियों में ना चुन लिए जाते।हर मैच में नयी टीम होती देश की। और सुन हम तब तक नहीं हारते जब तक हम ख़ुद को हारा हुआ नहीं मान लेते समझा। अब झुका हुआ कंधा उठा, पजामे का नाड़ा कस, स्पाइक्स पहन और दौड़ जा

मैदान में ऐसे जैसे सिर्फ़ तू ही इस रेस का अव्वल खिलाड़ी है। रणविजय ने हैरी की तरफ़ देखा और सिर्फ़ गर्दन ऊपर नीचे की। कहते हैं टूटे हुए खिलाड़ी को सपनों से बहुत डर लगने लगता है क्यूँकि उसको पता होता है सपने टूटते हैं तो सिर्फ़ दुःख तकलीफ़ नहीं होती बल्कि तमाम ज़िंदगी वो खेल परछाई की तरह पीछा करता है। जिससे आप सिर्फ़ भागते फिरते हैं। ठीक रणविजय भी वही कर रहा था बस रोज़ रात को उस No.7 वाली जर्सी को सोने से पहले देखता छूता और फिर अलमारी में रख देता। कुछ महीनों बाद युवाओं से भरी भारतीय क्रिकेट टीम टी20 वर्ल्ड कप जीती और जिसके कप्तान थे राँची के महेंद्र सिंह धोनी जिनकी जर्सी का भी No.7 है। रणविजय फ़ैक्टरी की नौकरी करते-करते ख़ुद के खिलाड़ी को बस प्रताड़ित करने में लगा है। उसके भीतर बस कोलाहल और भभकता हुआ ज्वालामुखी जो उसे तपाता जा रहा था। उसने अपने क्रोध को पीने की बहुत कोशिश की लेकिन वो कभी अपने भाई पर ग़ुस्सा निकालता या कभी अपने किसी दोस्त पर। सबको पता था कि वो ऐसा अब क्यूँ हो गया जो कभी बहुत मस्तीखोर, मज़ाक़िया और ख़ुशमिज़ाज था। आज क्यूँ ऐसा रूखा और सूखी चुभने वाली धूप जैसे है। सब उसके आक्रोश और दुर्व्यवहार को सह लेते क्यूँकि सबको उसकी कुंठा और चिढ़ का कारण अच्छे से पता था। कितने ही साल बीत गए लेकिन रणविजय सिर्फ़ घुमसुम और अजनबी सा था ख़ुद से और बाक़ी सभी से। ना ज़्यादा बोलना, ना हँसना, ना किसी से मिलना जुलना, ना कोई त्योहार मानना, ना किसी शादी ब्याह में जाना। उसने ख़ुद को सज़ा देने की ठान ली हो जैसे। हैरी उसके साथ घंटो बैठा रहता लेकिन कुछ बात नहीं होती और अगर होती भी तो सिर्फ़ हैरी बोलता और रणविजय हम्म में जवाब देता या गर्दन हिला कर हाँ ना कर देता। अंदर ही अंदर वो सिर्फ़ सुलगे जा रहा था कोयले की भाँति जिसको कैसे शांत किया जाए उसको या किसी को भी नहीं पता था। पिता के आर्थिक पतन के बाद और ख़ुद के साथ हुए अन्याय के ख़िलाफ़ कुछ करने का उसमें दम ख़म बहुत था पर उसके पिता के लिखे ख़त जिसमें उन्होंने आत्महत्या करने की बात लिखी थी ने उसे इस क़द्र तोड़ दिया और डरा दिया कि उसने ख़ुद के खिलाड़ी से ही मुँह मोड़ लिया और बस अपने माँ बाप की सेवा करने में लग गया।

उनकी हर इच्छा पूरी करने की कोशिश करता क्यूँकि उसने बचपन से ही देखा था किस तरह उसके पिता ने मेहनत करके उसको और उसके भाई बहन को एक आलीशान ज़िंदगी दी थी और आज हालात विपरीत हैं तो क्या हुआ वो उनका भी ख़्याल बहुत अच्छे से रखेगा। दिल दिमाग़ में सिर्फ़ वो एक क्रिकेटर ही है बस फ़र्ज़ के आगे उनसे उस खिलाड़ी को पीछे छोड़ने की बहुत कोशिश की पर छोड़ नहीं पाया आज तक। दिल्ली फ़ीरोज़ शाह कोटला का मैदान और मैच है दिल्ली डेयर वर्सेस एलिट बंगलोर 2018। 2008 से इंडीयन क्रिकेट लीग चालू हुई जिसमें देश और विदेश के खिलाड़ी आपस में टी20 मैचेज़ खेलते थे और इसमें नए-नए खिलाड़ियों को मौक़ा मिलता था इस लीग में बहुत से अनगिनत प्रतिभाशाली नव युवक खिलाड़ी छोटे-छोटे प्रदेशों और जिलों से लिए गए और जो आज भारतीय टीम को अंतर-राष्ट्रीय स्तर पर सम्बोधित भी कर रहे हैं। इंडीयन क्रिकेट लीग (आई. सी. एल.) में सात टीमें बनाई गयी हैं जिनमें अलग-अलग स्तर के खिलाड़ी एक दूसरे के ख़िलाफ़ प्रदर्शन करते हैं। रणविजय आई. सी. एल. का दिल्ली वर्सेस बैंगलोर का मैच देखने गया और वो स्टेडीयम में सबसे पहली क़तार में बैठा था जो कि सीमा रेखा के बिलकुल क़रीब होती है। जहाँ पर कुछ खिलाड़ी और टीम प्रबन्धन के लोग आपस में बातचीत कर रहे थे उसमें से किसी एक ने उसको बड़े ध्यान से देखा और देखे ही जा रहा था लेकिन इसकी ख़बर रणविजय को नहीं थी और उसने बग़ल में खड़े दिल्ली के कोच के कान में उसको लेके कुछ कहा और वो सब के सब उसकी तरफ़ देखने लगे। रणविजय के साथ बैठा चमपक बोला अबे ये सब हमारी तरफ़ क्यूँ देख रहे हैं ऐसे। रणविजय ने जब उनकी तरफ़ देखा तो मोईन भाई पर उसकी नज़र और उनकी नज़र उस पर। रणविजय की आँख भर आयी उनको देख कर इतने सालों बाद। मोईन भाई उसको देखते रहे एक टक और वो समझ भी गए थे कि रणविजय ने हतास हो कर क्रिकेट छोड़ दिया है। वरना वो ऐसा खिलाड़ी था जिसका नाम आई. सी. एल. के लिए आता ही। मैच ख़त्म हुआ और रणविजय ख़ुश था की मोईन भाई को देख पाया इतने सालों बाद और वो आज इतनी बड़ी टीम का हिस्सा हैं। रणविजय मैच ख़त्म होने के बाद मैदान में ही बैठा रहा ताकि भीड़ कम हो तो

निकले और मन के किसी कोने में आस भी थी कि शायद मोईन भाई मैच ख़त्म होने के बाद मिलने आएँ। और ठीक वैसा ही हुआ आवाज़ आयी ओए जर्सी No.7, हाँ सिरफिरे इधर देख। रणविजय हँसने लगा और चमपक उसको ऐसे देख कर चौंक गया इतने सालों बाद उसने उसे फिर पहले जैसा हँसते हुए देखा। मोईन भाई ने उसे अपना नम्बर दिया और बोला अभी मेसिज कर दे तेरा नाम लिख कर बाक़ी बात बाद में करेंगे फ़ोन पर या मिलकर। अभी मैं यहीं हूँ तो मिल भी लेंगे। चल अब चलता हूँ और तू ठीक है ना? रणविजय ने गर्दन हिलाई और वो सब समझ गए उसके चेहरे पर मायूसी और अपने जुनून से जुदा होने का ग़म। रात एक बजे फ़ोन बजता है रणविजय का और वो फ़ोन उठा कर हैलो बोलता है सामने से मोईन भाई बोलते हैं जर्सी No.7 बोल रहा है। रणविजय बोलता है हाँ जी मोईन भाई रणविजय बोल रहा हूँ। मोईन भाई बोलते है ग़लत जगह फ़ोन मिला दिया लगता है क्यूँकि मैंने तो जर्सी No.7 वाले सिरफिरे खिलाड़ी को मिलाया था शायद वो अब नहीं है। रणविजय की सिसकती साँसों की ख़ामोश आवाज़ मोईन भाई को सुनाई दे रही थी। उन्होंने पूछा कब छोड़ा क्लब इतनी जल्दी हार मान गया था मैं बोल कर गया था ना तुझे मर जाना लेकिन क्रिकेट मत छोड़ना क्यूँकि तेरे जैसे या तो मैदान में मारते हैं या उसके बाहर उसके ग़म में और तू उसके ग़म में मर रहा है। रणविजय के पास सिवाय चुप्पी के कुछ जवाब में नहीं था। मोईन भाई ने फिर पूछा क्यूँ छोड़ा तूने क्रिकेट। पक्षपात होता था, होता है और होता रहेगा लेकिन खिलाड़ी सिर्फ़ एक खेल नहीं खेलता युद्ध लड़ता है हालात से, तकलीफ़ों से, अन्याय से, लोगों से और अचानक रणविजय बोलता है पिता की लाश माँ की गौद में सुला देने की हिम्मत मुझमें नहीं थी। मेरा नाम काट कर किसी और का नाम लिख जाता मैचेज़ के लिए एक बार नहीं कई-कई बार मैं देखता रहा और सहता रहा लेकिन बस खेलता रहा। ट्रायल में मुझे ढंग से मौक़ा तक नहीं मिलता अगर भेजा भी गया लिस्ट में नाम डाल कर। और जहाँ-जहाँ भी सिलेक्शन हुआ एंड वक़्त पर लिस्ट से नाम हटा दिया गया क्यूँकि जिसको मेरी जगह खिलाया गया या तो वो किसी अपूर्व खिलाड़ी का बेटा, रिश्तेदार या दोस्त का बेटा था। मेरे सामने ही घूस लेके मेरा नाम हटा दिया गया और मैं

कुछ नहीं कर पाया बस बेबस लाचार देखता रहा जैसा आज तक करता आया। आप चले गए मुझे छोड़ कर अकेला ये भी नहीं सोचा कि आपके बाद मेरा क्या होगा। कितनी ही जगह से खेला और हर जगह अच्छा प्रदर्शन किया लेकिन किसी की नज़र नहीं पड़ी मुझपर। मैं नहीं बना था इस खेल के लिए मोईन भाई और अगर बना होता तो क़िस्मत इतनी भी ख़राब नहीं होती की मुझे एक बार भी मौक़ा नहीं मिलता रणजी ट्रोफ़ी, दिलीप ट्रोफ़ी या किसी भी ज़ोन स्तर पर खेलने का। मोईन भाई आज भी उसके अंदर उस तड़पते खिलाड़ी को देख और सुन पा रहे थे जो तकलीफ़ में था जिसको कुछ कर गुज़रना था इस खेल में, एक पहचान बनानी थी। उन्होंने रणविजय से उसका पता मेसिज करने को बोला और बोले अगले मैच के बाद तुझसे मिलता हूँ। चम्पक ने स्टेडीयम से आते हुए पूछा कौन थे ये जिनको देख कर तू इतना ख़ुश था तब उसने बताया मोईन भाई थे। रणविजय आज रात को बहुत सुकून से सोया क्यूँकि उसके अंदर के ज़ख़्मी इंसान ने इतने साल बाद किसी को अपने ज़ख़्म दिखाए और दिल की बात कही। चार पाँच दिन बीत गए और मोईन भाई का कोई फ़ोन या मेसिज नहीं आया। वो हर वक़्त अपना फ़ोन चेक करता रहा कि कहीं उनका फ़ोन आ जाए तो एक बार अच्छे से मिलकर बात हो, उसको उनसे बस मिलना ही था क्यूँकि वही एक थे जिनसे वो अपने ज़ख़्म दिखा सकता था। फिर अचानक एक दोपहर मोईन भाई का कॉल आता है उस वक़्त रणविजय फ़ैक्टरी में था। रणविजय इसी फ़ैक्टरी में काफ़ी सालों से काम कर रहा था और यहाँ उसको काफ़ी इज़्ज़त और अच्छी तनख़्वाह भी मिल रही थी। लेकिन उसको ये सब में से कुछ नहीं चाहिए था और जो चाहिए था उसके हिसाब से बहुत पहले ही छूट गया। फ़ोन पिक करके रणविजय हैलो कहता और दूसरी तरफ़ से हाँ जर्सी No.7 बोल रहा है? रणविजय बोलता है हाँ मोईन भाई जर्सी No.7 बोल रहा हूँ। इतना सुनते ही मोईन भाई खिलखिला कर हँसने लगे और रणविजय भी हँस पड़ा। मोईन भाई बोले फ़लाना होटल में रुका हूँ तू अभी आ सकता है क्या? रणविजय थोड़ा हिचकिचाया और फिर बोला आता हूँ। उन्होंने उसे बताया होटल का पता और होटल के रेस्ट्रॉट में मिलने को बोला। वो वहाँ पहुँचा और सामने होटल की लॉबी में मोईन भाई उसका इंतज़ार करते

हुए बड़ी ही बेसब्री से। उन्होंने रणविजय को कस के गले लगाया और रणविजय ने भी अपने हमदर्द, सलाहकार मोईन भाई को कस कर पकड़ लिया जैसे ज़ख्मों पर मरहम। उसकी आँखों में छिपे आँसु भी मोईन भाई ताड़ गए लेकिन कुछ बोला नहीं वरना वो वहीं टूट कर रोने लगता जो वो चाहते नहीं थे क्यूँकि उसके अंदर उन्होंने अभी भी वही खिलाड़ी देखा जो आज से कई साल पहले क्रिकेट ग्राउंड में आग उगलता था अपनी बल्लेबाज़ी और गेंदबाज़ी से। उन्होंने उसके लिए और अपने लिए चाय मँगवाई क्यूँकि वही एक चीज़ है जो बहुत से खिलाड़ियों को खूब भाँति है। फिर मोईन भाई ने दुबारा पूछा क्यूँ छोड़ा तुझे बोल कर गया था मर जाना पर छोड़ना मत फिर क्यूँ छोड़ा और तूने वादा किया था कि तू कभी मैदान छोड़ कर नहीं भागेगा। रणविजय चुप सिर्फ़ उनके दागे हुए सवालों की बौछार के रुकने की प्रतीक्षा कर रहा था। जब वो रुके तब उसने बोलना शुरू किया कि आपके जाने के बाद पिता जी का कारोबार में बहुत नुक़सान हुआ और लेनदारों की क़तार लगी रहती थी कभी कोई-कभी कोई पिता जी पैसे के सिलसिले में गुवाहाटी गए हुए थे और जब वहाँ से पैसे नहीं मिले और लेनदारों के ताने और उलाहने उनसे नहीं सहे गए तो उन्होंने घर पर ख़त लिखा कि मैं आत्महत्या करने जा रहा हूँ। मेरे कारोबारी नुक़सान से मेरे बच्चों या मेरी पत्नी का कोई लेना देना नहीं। क्लब की फ़ीस भी भरने के पैसे तक नहीं थे मेरे पास। स्पाइक्स फट गए थे सिलवा कर पहनता रहा और खेलता रहा। पैड, बैट तक नहीं थे मेरे पास जो था उससे ही काम चला रहा था। किट बैग में जो भी था जैसा भी था उससे मुझे कोई परेशानी नहीं थी क्यूँकि मैं खेला काफ़ी महीनों तक उनसे ही पर आप ही कहो अपने पिता का ख़त पढ़ कर मैं कैसे क्लब ही फ़ीस भरता उन पैसों से माँ की तबियत भी ना-साज़ रहती थी बहुत उनकी दवाई, छोटे भाई की कॉलेज की फ़ीस, घर ख़र्च और टूटे हुए पिता को हिम्मत देना मेरा फ़र्ज़ था। तभी मोईन भाई बोले और क्रिकेट के प्रति तेरा क्या फ़र्ज़ था। रणविजय ने देखा और बोला माँ बाप के किए हुए कर्म और उनके प्रेम के आगे कुछ भी नहीं। मैं हारा नहीं हूँ मोईन भाई ना भूला हूँ अपने खेल को। मोईन भाई उठे और बोले चल। उन्होंने डेस्क पर कॉल किया कार मँगवाई और लेके गए जहां टीम प्रैक्टिस कर रही थी। जींस

और टी शर्ट पहने हुए खड़ा रणविजय हक्का बक्का था क्यूँकि वहाँ इतने सारे सूपर स्टार क्रिकेटर थे जिनको उसने सिर्फ़ टेलिविज़न में ही देखा था। उसको कुछ समझ नहीं आ रहा था और वो हेड कोच के पास गए रणविजय को बोले ये है वो जिसके बारे में आपको बताया था। उन्होंने उसे देखा और बोला कौन से राज्य या क्लब से खेलते हो। मोईन भाई बोले ये अब किसी क्लब से नहीं खेलता। रणविजय बोला ग्यारह साल हो गए क्रिकेट छोड़े हेड कोच ने उसको ध्यान से देखा और फिर मोईन भाई को बोला फिर कैसे और क्यूँ लाए हो। मोईन भाई हेड कोच को साइड में ले के गए और बोले एक बार इसको गेंद डालने दो। मैं जानता हूँ ये आज भी वैसा ही है जैसा दस साल पहले था। वो घूमे रणविजय की तरफ़ आए और बोले गेंद डालोगे। उन्होंने एक जुनीयर खिलाड़ी को नेट में आने को बोला पैड करके। रणविजय के हाथ में नयी गेंद भी थमा दी। नेट के आस पास बाक़ी खिलाड़ी देशी विदेशी सब देख रहे थे कि ये क्या तमाशा चल रहा है। ये किसको जींस टी शर्ट में नेट में गेंद फेकने को हेड कोच बोल रहे हैं और फ़िज़ीयो भी साथ में खड़े हैं। रणविजय ने जूतों के फ़ीते कसे और क़मर टाइट की और रनअप लिया और दौड़ पड़ा बल्लेबाज़ की तरफ़, सीधी सटीक फ़ुल टॉस गेंद और गेंद हवा में झूमती, लहराती हुई मिडल स्टम्प पर जा लगी। मोईन भाई ये गेंद देख कर तन कर खड़े हो गए और उनके मन में जो थोड़ा सा भी संदेह था वो दूर हो गया कि क्या रणविजय पहले जैसा खेल पाएगा। हर गेंद बुल्लेट की तरह विकेट के पीछे गयी एक भी गेंद बल्लेबाज़ छू तक नहीं पाया। सब के सब देख कर दंग हो गए की कौन है ये जो इतना तेज फैंक रहा। सबको वो पच्चीस या छब्बीस साल का लड़का लगा लेकिन किसी को क्या पता कि वो चौंतिस साल का है। हेड कोच ने उसे बोला तुम नेट बोलर हो कल से सुबह आ जाना बाक़ी समय सूची तुमको मोईन या प्रबन्धन से कोई बता देगा। मोईन भाई की ख़ुशी का ठिकाना ना था लेकिन रणविजय ख़ुश ना था बल्कि चिंतित और उलझा हुआ था किसी उलझन में। उसके हावभाव मोईन भाई पढ़ चुके थे लेकिन कुछ कहा नहीं उस वक्त और स्टेडीयम के कैफ़े में दोनों चाय की चुस्की के साथ बैठे-बैठे इधर उधर देख रहे हैं। और फिर मोईन भाई का सवाल क्या तुझे पता है कि ये कितना बड़ा

मौक़ा मिले है तुझे। लेकिन मैंने तुझे ख़ुश होते हुए नहीं देखा और ना तूने कुछ कहा या पूछा मुझसे कि मैं तुझे यहाँ क्यूँ लाया या अचानक ऐसे क्यूँ सबके सामने पटक दिया मैदान में। रणविजय ने देखा और बोला आप मुझे मुझसे कहीं ज़्यादा जानते और पहचानते हैं। आप सोच समझ कर ही लाए थे। फिर तू ख़ुश क्यूँ नहीं दिख रहा है। रणविजय बोला मोईन भाई मैं आज भी खेलना ही चाहता हूँ लेकिन मेरे माँ बाप और भाई की ज़िम्मेदारी मुझ पर है। मुझे नौकरी छोड़नी पड़ेगी इसके लिए और मेरे आगे पीछे कोई नहीं जो मेरे परिवार को आर्थिक मदद करे क्यूँकि मैं ही एक मात्रा ज़रिया हूँ आय का। कैसे करूँ और अब क्या ग़ैरंटी है की इससे कुछ फ़ायदा होगा। मोईन भाई को ये बात अच्छी नहीं लगी और उन्होंने कहा तू कब से नफ़ा नुक़सान देखने लगा। रणविजय बोला जब जेब में फूटी कौड़ी ना हो सामने माँ बाप और भाई हो तब आप सब गिन्ने और गिनाने लगते हैं। मोईन भाई समझ गए थे कि वो अपने फ़र्ज़ और जिम्मेदारी के आगे ख़ुद के जुनून को क़ुर्बान कर देगा जैसा वो पहले भी एक बार कर चुका था चाहे उसको कितनी भी तकलीफ़ होगी लेकिन अपने परिवार की ज़िम्मेदारी से मुँह नहीं मोड़ेगा भले ही उसके अंदर का खिलाड़ी तड़पता रहे, चिल्लाता रहे और रोता रहे। उन्होंने उसे सिर्फ़ इतना ही कहा ज़िंदगी सबको बार-बार मौक़े नहीं देती और शायद तुझे दे रही है जिसका मुझे पता नहीं लेकिन हाँ आज तूने इस उम्र में भी उसी रफ़्तार से गेंदबाज़ी की तो मतलब तुझमें अभी दम ख़म बाक़ी है बहुत। मेरे हिसाब से तुझे एक बार रिस्क लेना चाहिए। तूने अपनी जिम्मदारियों के लिए ख़ुद के साथ ना इंसाफ़ी की और आज फिर से करने जा रहा है। इस लीग से कितने ही नए खिलाड़ियों को मौक़ा मिला और वो आज देश लिए अंतर-राष्ट्रीय स्तर पर खेल रहे हैं। इन सब बातों के बाद वो चला आया और फिर मोईन भाई ने उसे कॉल या मेसिज भी नहीं किया और ना रणविजय ने किया। कुछ महीने बीते। इस मुलाक़ात के बारे में किसी को नहीं बताया रणविजय ने। रात को फ़ोन बज रहा है और रणविजय टॉयलेट में, हैरी फ़ोन उठाता है सामने से जर्सी No.7 और हैरी हैं?? कौन बोल रहे हो भईया किससे बात करनी है। मोईन भाई बोलते हैं ये रणविजय का नम्बर है? हैरी बोला है हाँ मैं उसका भाई हूँ और

आप कौन हैं वो अभी टॉयलेट में। मोईन भाई बोलते हैं मैं मोईन खान बोल रहा हूँ ऐसे-ऐसे, हैरी बोलता है नमस्ते आपको जानता हूँ मैं भाई आपके बारे में बहुत बात करता है और फिर मोईन भाई उसको सब बात बोल देते हैं संक्षिप्त में और कहते हैं उसको समझाओ ऐसा मौक़ा फिर नहीं मिलेगा कल मैच है इंटरनल उसको खेलने के लिए लेके आओ। वो परिवार के लिए खुद को समझना नहीं चाहता। हैरी बोलता है आप चिंता मत करो मोईन भाई मैं लेके आऊँगा उसको आप मेरा नम्बर लिखो बस मुझे बताओ क्या करना है। इस श्रवण कुमार को मैदान तक लेके आना मेरा काम और उसके बाद वो मैदान से मुँह फेर ले ऐसा कभी होगा नहीं। मोईन भाई हैरी को ज़िम्मेदारी सौंप कर फ़ोन रख देते हैं। अगली सुबह हैरी रणविजय को जगाता है और कहता भाई सुन कहीं चलना है ज़रूरी काम है जल्दी से तैयार हो जा और सुन पजामा टी शर्ट पहना। रणविजय बोलता है अबे फ़ैक्टरी जाना है नौकरी करता हूँ मैं मालिक नहीं हूँ की कभी भी जाऊँ या आऊँ। काम क्या है वो बता पहले फिर देखता हूँ छुट्टी लूँ कि नहीं। वो रणविजय को बहुत समझाने की कोशिश करता है लेकिन विफल हो जाता है और अंत में थक हार कर बताता है की मोईन भाई का कॉल आया था कल रात और तुझे खेलने को बुलाया है। रणविजय हैरी पर भड़क जाता है और उसको जमकर सुनाता है और उसके बाद कमरे में चला जाता है। पीछे-पीछे हैरी आता है और बोलता है तू इतना डरपोक कब से हो गया भाई। क्या होगा हम लोग थोड़ा कम में गुज़ारा कर लेंगे यार लेकिन तू क्यूँ श्रवण कुमार बना हुआ है और खुद को तिल-तिल मारे जा रहा है। अगर तेरा सिलेक्शन हो जाता है तो फिर धन और शोहरत तो मिल ही जाएगी उससे कहीं ज़्यादा तुझे सुकून और चैन। रणविजय बोलता है इतना आसान होता तो कब का मिल गया होता सब और मेरे लिए तुम लोगों की ज़िम्मेदारी ज़्यादा मायने रखती है मेरे सपनों से। हैरी उसको बहुत मानने की कोशिश करता है लेकिन वो नहीं मानता और फ़ैक्टरी चला जाता है काम पर। और दूसरी तरफ़ मोईन भाई उसका इंतज़ार करते रहे लेकिन वो नहीं आया और फिर उन्होंने हैरी को कॉल भी किया तो उसने बताया की वो नहीं आएगा। काम पर चला गया। मोईन भाई को रणविजय पर बहुत गुस्सा आया और दूसरी तरफ़ उनको उसके

त्याग और बलिदान पर नाज़ भी क्यूँकि ऐसी सन्तान बहुत कम होती हैं जो माता पिता और भाई के लिए अपनी ख़ुशी और करियर को भूल जाएँ। पर उनको ये भी पता था कि वो आज भी खेलना चाहता है लेकिन उसके मन में जो डर बैठा है उसको निकालना ज़रूरी है तभी वो ग्राउंड पर उतरेगा उसके अलावा उसकी उम्र सबसे बड़ा परेशानी का कारण थी जिस उम्र में खिलाड़ी रेटायरमेंट लेते हैं उस उम्र में मोईन भाई उसका डेब्यू कराना चाह रहे थे। हर तरफ़ से मुसीबतें थी लेकिन सबसे लड़ा जा सकता था अगर रणविजय अपना किट बैग फिर से उठाए और मैदान में खड़ा हो जाए जैसे पहले होता था। उन्होंने उसको ग्राउंड में बुलाने का एक तरीक़ा निकाला जिससे उसको मैदान में लाया जा सकता था। मोईन भाई ने रणविजय को कॉल किया और कुछ कहा नहीं सिर्फ़ बोला सुनो नाइट प्रैक्टिस सेशन हैं और इसमें से खिलाड़ी चुने जाएँगे लीग मैच के लिए अगले सत्र में। तुम सिर्फ़ आ कर देख सकते हो और बता सकते हो कि किस में क्या कमज़ोरी है गेंदबाज़ और बल्लेबाज़ में। मैं कोशिश करूँगा तुमको इसके बदले फ़ीस भी मिले। तुमको नहीं खेलना मत खेलो लेकिन इतना तो शायद तुम कर ही सकते हो क्यूँकि आख़िरी सत्र हमारी टीम ने बहुत ख़राब प्रदर्शन किया है और युवकों में इन्वेस्ट करने के लिए सही खिलाड़ी चुनने ज़रूरी हैं। तुम इसमें काफ़ी मददगार साबित हो सकते हो। मैंने असिस्टेंट कोच से बात कर ली है उनकी मदद के लिए तुम कुछ दिन खिलाड़ियों की तकनीक पर नज़र रखोगे और बताओगे किसको कहाँ-कहाँ मेहनत करनी है। रणविजय नाका नूकी करता उससे पहले ही मोईन भाई ने अपना निर्णय सुना दिया और उसने बोला ठीक है कब से आना है उन्होंने बोला कल से रात आठ बजे से एक बजे तक रहेगा सत्र। फ़ैक्टरी से बाइक लेके रणविजय रात को निकला सीधा स्टेडीयम गया और एंट्री गेट पर मोईन भाई भी मिले, दोनों साथ चल दिए। मोईन भाई अपनी कार से और रणविजय अपनी पल्सर बाइक से। मोईन भाई रणविजय साथ-साथ पार्किंग से पैदल चलते हुए ग्राउंड की ओर जा रहे हैं और मोईन भाई रणविजय के हावभाव पढ़ने की कोशिश कर रहे हैं। वो उनको आज भी वही रणविजय लगता है जो कई साल पहले लगता था। ग्राउंड में पहुँचे और असिस्टेंट कोच से उसका परिचय कराया। उन्होंने

बोला रणविजय तुम्हारी काफ़ी तारीफ़ सुनी है मोईन भाई से अच्छा है तुम आ गए नए खिलाड़ियों को काफ़ी कुछ सीखने को मिलेगा तुम्हारी कम्पनी में। नेट प्रैक्टिस शुरू हुई और रणविजय चुपचाप हर नेट के आगे पीछे घुम-घुम कर सबको देख रहा है लेकिन कुछ कह नहीं रहा। मोईन भाई भी उसकी तरफ़ ही देख रहे हैं। खिलाड़ी सब नए थे लेकिन कुछ बहुत ही कमाल और कुछ औसतन। उसने सबको उस रात बहुत ध्यान से देखा लेकिन किसी को कुछ नहीं बताया और ना मोईन भाई या असिस्टेंट कोच को कुछ कहा। ऐसा उसने कई दिन तक किया और फिर मोईन भाई बोले क्या हुआ मन नहीं है यहाँ रुकने का तो चला जा। तू चुपचाप इधर उधर देख और घुम रहा है शायद मैने तुझे मजबूर किया आने को इसलिए तू बस आया है। तेरा वक्त ख़राब करने का मेरा कोई इरादा नहीं। रणविजय बोला इसमें से कुछ अभी इतने बड़े स्तर पर खेलने के लिए तैयार नहीं हैं मानसिक तौर पर और कुछ सिर्फ़ बल्ला चला रहे हैं टी॰20 टूर्नामेंट समझ कर। सबसे पहले सबका एक मौखिक सत्र लेना है मुझे अगर आप लोग आज्ञा दो तो। क्यूँकि इन सबकी मानसिकता केवल बॉल तेज़ फेकनी और बल्ला घुमाओ हर गेंद पर जिससे सिर्फ़ आपकी टीम दो चार मैच ही जीत पाएगी फिर से। क्यूँकि ऐसे गेंदबाजों और बल्लेबाज़ों को तुरंत घेर लिया जाता है रणनीति बना कर। मोईन भाई और असिस्टेंट कोच ने सबको आवाज़ लगाई और सब एक जगह खड़े हैं और फिर रणविजय ने बोलना शुरू किया। आप सभी मुझे नहीं जानते लेकिन मैं भी एक खिलाड़ी ही हूँ। क्रिकेट किसी के लिए खेल है, किसी के लिए पैशन, किसी के लिए शोहरत का ज़रिया लेकिन अगर आपको एक महान खिलाड़ी बनना है तो उसके लिए सबसे पहले खुद को तराशना, तपाना और तड़पाना पड़ेगा। आप यहाँ सिर्फ़ एक लीग खेलने के लिए तैयार नहीं किए जा रहे हैं। अपने देश, अपने मुल्क के लिए तैयार किए जा रहे हैं। खुद को हर तरह से तैयार करो ना कि सिर्फ़ टी20 के लिए। खेल को समझने के लिए पहले खुद की मानसिकता को बदलो हर बॉल पर चौका छक्का नहीं मार सकते और ना लगता है। सूझबूझ से खेलना सबसे महत्वपूर्ण और बुनियादी ज़रूरत होती है एक अच्छे खिलाड़ी के लिए। आप सब में जोश है लेकिन सूझबूझ की बहुत कमी है। सबसे पहले

बल्लेबाज़ों की बात करते हैं। सही शॉट का चुनाव कुछ सेकंड में करना ही आपको महानतम खिलाड़ियों की सूची में डाल देता है। आक्रामक खेल इस पैटर्न की ज़रूरत है लेकिन उसके साथ-साथ सूझबूझ और संयम भी बहुत आवश्यक है जिससे आप किसी भी गेम को अंत तक ले जा कर खतम कर सकते हैं वरना सिर्फ़ बल्ला घुमाओ और आपका दिन है तो हर गेंद आपके पाले में वरना आप पविल्यन में। तभी एक बल्लेबाज बोलता है भईया आप रणविजय हो ना? मोईन भाई उस खिलाड़ी की तरफ़ देखते हैं और बोलते हैं तुम इनको जानते हो? तुम तो बरेली से हो ना। वो खिलाड़ी बोलता है हाँ सर लेकिन रणविजय भईया की फ़ोटो मेरे घर में मेरे भईया के रूम में है उन्होंने बताया था एक बार रणविजय भईया बरेली खेलने आए थे और उन्होंने इंडिया- ए और रणजी के खिलाड़ियों की खूब धुनाई की थी अकेले मैच जिता दिया था और आउट भी नहीं हुए थे। रणविजय चुप था और मोईन भाई बोले हाँ ये सच है क्यूँकि उस मैच का फ़िज़ीयो में था। और मैं ही इसको लेके गया था वहाँ। तभी वो फिर से कहता है भईया आपने क्रिकेट क्यूँ छोड़ा जब इतने अच्छे खिलाड़ी थे तो। रणविजय ने इस सवाल पर कुछ नहीं कहा और बात बदल दी तुरंत। गेंदबाज़ जितने भी हैं तेज़ फेंकी है गेंद लेकिन सेम लेंथ पर नहीं और टी20 गेंद में वेरीएशन होना बहुत ज़रूरी है वरना बहुत मार पड़ेगी क्यूँकि इस लीग में राष्ट्रीय और अंतर्राष्ट्रिया स्तर के खिलाड़ी खेलते हैं और वो बिल्कुल भी मौक़ा नहीं छोड़ेंगे रन बनाने का तो आप सबको उसी स्तर पर सोचना और खुद को तैयार करना है। इस तरह एक हफ़्ता बीत गया लेकिन रणविजय ने नेट में एक बार भी खुद को उतारा नहीं और ना ऐसी कोई मनसा दिखाई। आँठवे दिन रणविजय ने बोला आज प्रैक्टिस मैच कराया जाए। दो टीमें बनाई गयी और एक टीम का कप्तान रणविजय को बनाया मोईन भाई ने ताकि बाक़ी खिलाड़ी उसकी सूझबूझ को और अच्छे से सीख सकें। मैच शुरू हुआ और बैटिंग रणविजय की टीम कर रही थी। एक के बाद एक खिलाड़ी बल्ला घुमा रहे थे और वापस आ कर बग़ल में बैठ रहे थे आउट हो कर। मोईन भाई सिर्फ़ प्रतीक्षा कर रहे थे कि ये कब उतरेगा मैदान में। और वो अचानक मैदान से ग़ायब मोईन भाई इधर उधर देख रहे थे और तभी सामने से चलता हुआ आया वही जर्सी

No.7 पहन कर। मोईन भाई का भरोसा रणविजय पर उससे भी कहीं ज़्यादा था उस पर। अगला विकेट गिरा और रणविजय गया तीन बॉल रोक कर, थम कर और संयम से खेली और कहते है ना जवानी में कई बार कुछ लोग भूल जाते हैं कि तजुरबेकार इंसान को आँख नहीं दिखाते हैं। यही ग़लती गेंदबाज़ ने कर दी उसने सोए शेर को ऊँगली कर दी घूर कर और ये बोल कर कि ज़्यादा तेज़ है तो धीरे फेंक दूँ भईया। अगली बची गेंदों को हवा में हवा की तरह उड़ा डाला सीधा सीमा रेखा के बाहर।बाक़ी बचे ओवर में उसने इतना पीटा नादान खिलाड़ियों को कि उनको कुछ समझ नहीं आ रहा था कि ये क्या हो रहा है उनके साथ। असिस्टेंट कोच ये देख कर मोईन भाई को बोले इसको खिलाओ लीग में। वो ये भूल गया कि वो यहाँ सीखने आया था उसके अंदर का रण में दौड़ने वाला रणविजय जाग गया था और पहला ओवर करने के लिए खड़ा है फ़ील्ड अपने हिसाब से लगा कर। सब ने बल्लेबाज़ी का नमूना देखा था लेकिन उसकी धारदार गेंदबाज़ी का टीज़र किसी ने देखा ही नहीं था सिवाय मोईन भाई के। पहली गेंद इंस्विंग यॉर्कर और मिडल स्टम्प धराशाही। तीन गेंद और तीन विकेट। चौंतिस की उम्र में 145km की रफ़्तार से गेंद और वो भी सटीक ढंग से बिना प्रैक्टिस के। असिस्टेंट कोच आए और बोले मोईन भाई ये क्या आफ़ात है इतने सालों से कहाँ छुपा कर रखा था इसको। वो बोले तपस्या कर रहा था। सोचो ये बिना प्रैक्टिस के ऐसा खेल रहा है अगर प्रैक्टिस कर ली तो कैसा खेलेगा। ये पूरा प्रैक्टिस मैच रेकर्ड हुआ था जिसकी टेप हेड ऑफ़िस को भेजी गयी जिसको हेड कोच, प्रबंधक के लोगों ने और फ़्रेंचायज़ के मालिकों ने देखी। इनमें से किसी को भी रणविजय की उम्र नहीं बताई गयी सबको वो सत्ताईस और अट्ठाईस का ही लगा। उसके बारे में विचार विमर्श होने लगा उसकी गेंदबाज़ी और बल्लेबाज़ी को देख कर। दिल्ली के कप्तान को भी टेप भेजी गयी देखने को और उसका भी नज़रिया क्या है इस खिलाड़ी के बारे में। और उसने सीधा कोल किया हेड कोच को और बोला ये वही बंदा है ना जो नेट में गेंदबाज़ी करके गया था लीग मैच के वक़्त जिसको मोईन भाई लेके आए थे। हेड कोच को याद ही नहीं था कि यही वो बंदा है क्यूँकि उस वक़्त रणविजय के बिलकुल ही छोटे बाल थे और अब बड़े थे तो उसको पहचान

नहीं पाए। कप्तान बाबू बोले सर वो चौंतिस का है कहाँ आप बुज़ुर्गवार को खिलाने की सोचने लगे। ठीक है प्रैक्टिस मैच में बच्चों के साथ खेल लिया अच्छा लेकिन इतने बड़े स्तर पर खेलना और उसके लिए स्टैमिना चाहिए सिर्फ़ एक मैच की बात नहीं है। मेरी तरफ़ से ना है और मोईन सर को बोलो फ़िज़ीयो का काम सम्भाले कौन खेलेगा कौन नहीं ये हम लोगों का डिपार्टमेंट है। ये बात और बयान मोईन भाई के कानों तक आए और उनको ये गुस्ताख़ टिप्पणी कतई पसंद नहीं आयी। उनके लिए एक खिलाड़ी के मुँह से दूसरे खिलाड़ी को लेके ऐसा कहना दुःख की बात थी। लेकिन किसी के बद्दिमाग और बद मिज़ाजी को आप क्या कह सकते हैं। उन्होंने ने हेड कोच से बात की और रणविजय की सिफ़ारिश फिर दुबारा की और बोला आपने ख़ुद देखा है उसको नेट में गेंदबाज़ी करते हुए और आज के मैच की टेप भी देखी। क्या आपको नहीं लगता कि हमको उसे एक मौक़ा देना चाहिए उसकी उम्र का उसके खेल से कोई लेना देना नहीं है। उसकी उम्र को मुद्दा बना कर एक खिलाड़ी से उसका हक़ मत छिनिए। हेड कोच ने बोला मैं टीम प्रबंधन और कप्तान से बात करूँगा लेकिन तब तक आप उसको प्रैक्टिस करने को बोला और कहो ख़ुद को तैयार करे। उसका नाम नीलामी पत्र में डलवाना ज़रूरी है उसके लिए अगर टीम प्रबंधन मान गयी तो मैं उनसे वहाँ उसको ख़रीदने के लिए बोली लगवा दूँगा। तब तक आप उसको बोलो दम लगा कर मेहनत करे अपने खेल पर। मोईन भाई फ़ैक्टरी के बाहर रात के वक्त इंतज़ार कर रहे हैं हैरी के साथ उससे बात करने के लिए। रणविजय बाहर आया तो सामने हैरी और मोईन भाई खड़े हैं एक कार से टेक लगा कर। रणविजय मोईन भाई के गले लगा और बोला भाई आप यहाँ कैसे और उन्होंने बोला तुझे फिर से मैदान पर उतरना है। और ये मैं समझा या विनती नहीं कर रहा आदेश दे रहा हूँ अगर तूने मुझे कभी भी अपना भाई, हमदर्द या शुभ चिंतक समझा है तो अपनी ज़िंदगी के चार महीने मुझे दे-दे बस। रणविजय नाका नूकी करता उससे पहले हैरी ने अपनी नौकरी का जोईन लेटर उसके साथ में पकड़ा दिया और बोला तू खेल मैं घर का सब देख लूँगा लेकिन तू खेल और हाँ अब मर जाना लेकिन मैदान से मुँह मत मोड़ना क्यूँकि तू मुँह तो मोड़ आया है लेकिन तेरे क़दम उसी तरफ़ जाने

के लिए दौड़ते हैं। मजबूर ज़िंदगी और टूटे हुए जज़्बे के साथ तू सिर्फ़ एक लाश जैसा है इतने सालों से जो इस मांस के शरीर को लेके बस साँस ले रहा है। मोईन भाई कैसे होगा और क्यूँ आप चाह रहे हैं दुबारा खेलने को तब वो बोलते हाँ तुझे इंदीयन क्रिकेट लीग के लिए तैयारी करनी है ताकि तेरा नाम नीलामी पत्र में डाला जा सके। दिल्ली टीम के हेड कोच ने वादा किया और ये सुनते ही रणविजय बोलता मोईन भाई ऐसा ही वादा कई साल पहले किसी और ने भी किया था और क्या हुआ आपको भी पता है। उस पे मोईन भाई बोले तू उसकी चिंता मत कर तेरा नाम अब एक बार लिस्ट में आ जाए कोई ना कोई तुझे लेगा ही। बस अब तू अपना किट बैग काँधे पर फिर से उठा सुनाई दिया जर्सी No.7। सुबह पाँच बजे हैं और रणविजय घर के बग़ल के पार्क में दौड़ लगा रहा है। अचानक वो रोज़ सुबह-सुबह दिखने लगा। सब आस पास के लोग आपस में बात करने लगे क्या हुआ इतना क्यूँ दौड़ रहा है और रात में इसका भाई सिमेंट वाली फ़र्श पर लेधर की गेंद से इसको बैटिंग कराता है। लगता है अधेड़ उम्र में फिर से क्रिकेटर जाग गया इसका जवानी में कुछ कर नहीं पाया तो अब उसका मलाल मिटा रहा है। दिन में दौड़ और दोपहर में मोईन भाई के दोस्त के क्लब में गेंदबाज़ी की प्रैक्टिस और किसी को कुछ नहीं पता की क्या चल रहा है। मोईन भाई के दोस्त ने भी बोला बॉल बहुत अच्छी कर रहा है लेकिन इस उम्र में तो मोईन भाई ने बोला पूराना जान पहचान का है करने दे तुझे फ़ीस मिल रही है और अच्छा बंदा है सिर्फ़ गेंदबाज़ी करता है और चला जाता है। तुझे और क्या चाहिए। चेन्नई लाइयन एक ऑल राउंडर की खौज में लगे हुए हैं मध्यम क्रम के लिए ये बात मोईन भाई को अच्छे से पता थी तो उन्होंने रणविजय की मैच की टेप उनकी टीम के फ़िज़ीयो द्वारा टीम प्रबंधन को पहुँचवा दी और बोला मेरा नाम मत लेना। इसी बीच मुंबई में एक चैरिटी मैच का आयोजन हुआ जिसमें नामीग्रमी खिलाड़ी भाग ले रहे थे। रणविजय को प्रैक्टिस करते दो महीने हो चुके थे और वो फिर से रिधम में आता हुआ लग रहा था। मोईन भाई ने उसका नाम सुझाया मुंबई के एक खिलाड़ी को और उसको भी टेप भेजी उसने तुरंत मोईन भाई को बोला कौन है ये लड़का इसको बुलाओ मैच के लिए। वो काफ़ी प्रभावित

हुआ रणविजय के प्रदर्शन से। मोईन भाई ने तुरंत अपनी रणविजय की टिकट करायी और पहुँचे मुंबई। मैच में जाने माने बड़े-बड़े चेहरे और उनके बीच में रणविजय। रणविजय को खेलने के लिए जर्सी पजामा टोपी भेजी गयी। रणविजय ने जर्सी की तरफ़ देखा तो उस पर लिखा था रणविजय सिंह No.7। मैच शुरू हुआ रणविजय बल्लेबाज़ी करने वाली टीम की तरफ़ और उसका कप्तान वही खिलाड़ी था जिसने उसे बुलाया और उसने मैच से पहले रणविजय से काफ़ी बातें की और पूछा कहा से खेलते हो और किधर प्रैक्टिस करते हो उसने बताया यहाँ प्रैक्टिस करता हूँ और अभी कहीं किसी बड़े स्तर पर नहीं खेला। वो बोलता है कोई नहीं जल्दी ही खेलोगे तुम्हारा खेल बहुत दमदार है। मोईन भाई की हर लीग के खिलाड़ियों और बाक़ी लोगों से बनती थी क्यूँकि वो सबकी मदद के लिए हर वक्त तैयार रहते थे कभी किसी को ना नहीं कहते थे इसलिए उनकी सब लोग बहुत इज़्ज़त और बात की वैल्यू रखते थे। बल्लेबाज़ी करने उतरे खिलाड़ियों ने तोड़ फोड़ मचा डाली। विपक्षी टीम के गेंदबाज़ों की धज्जियाँ उड़ा डाली देखते ही देखते छः ओवर और सत्तर रन बिना किसी नुक़सान के और फिर अचानक एक के बाद एक विकेट गिरे जाए वही हुआ जिसका उपदेश कुछ दिनों पहले रणविजय नवयुवकों को देके आया था कि हर गेंद पर बल्ला घुमाने से कुछ नहीं होगा। रणविजय को गेंदबाज़ के रूप में लिया गया था और चौदह ओवर खतम आठ विकेट गिर चुके थे। नौंवा आया रणविजय जर्सी No.7 पहन कर और विपक्षी टीम में फ़ील्डिंग करता हुआ दिल्ली का कप्तान और वो उसको देखते ही पहचान गया और पास आ कर बोला बुढ़ापे में पसलियाँ कमजोर हो जाती हैं चाचा कहाँ बदन लाल कराने आ गए। अब आ गए हो तो खुजली मिटा देते हैं आपकी आज अच्छे से। इसने भी वही गलती की शेर की पीठ पर बैठ कर उसके पीछवाड़े में चूंटी काट ली। उसके बग़ल से सनसनाता हुआ कवर ड्राइव और उसको ऐसा लगा किसी ने कोई मिसेले छोड़ दी हो उसको गेंद दिखी नहीं सिर्फ़ हवा महसूस हुई तेज़। चाबुक जैसे शॉर्ट उसके बल्ले से निकल रहे थे। गेंद फेंकी जा रही थी और वो उसकी सीमा रेखा के बाहर कभी ज़मीनी तरीक़े से तो कभी हवाई यात्रा के ज़रिए भेज रहा था। आखिरी के सात ओवर में 106 रन बना दिए देखते ही देखते

जिसमें से नब्बे रन सिर्फ़ रणविजय के थे। इस मैच को देखने बड़े-बड़े दिग्गज आए हुए थे और उन्होंने ये आतिशी पारी का मज़ा लिया। बाहर पविलियन में आते ही कप्तान ने गले लगाया और पूरी टीम ने तालियाँ बजाई और मोईन भाई भी खड़े उसके लिए तालियाँ बजा रहे थे और उनकी ख़ुशी की ठिकाना नहीं था। कप्तान बोला यार तू बल्लेबाज़ी भी करता है मुझे तो सिर्फ़ तेरी गेंदबाज़ी का विडिओ भेजा था मोईन भाई ने मैंने वही सोच कर तुझको टीम में लिया लेकिन तू तो बल्लेबाज़ भी है बहुत ख़तरनाक। उसने मोईन भाई की तरफ़ देखा और बोला धन्यवाद मोईन भाई ऐसे खिलाड़ी को लाने के लिए और मिलवाने के लिए। पन्द्रह मिनट के ब्रेक के बाद दूसरी पारी शुरू हुई और उन्होंने भी शुरुआती ओवर में ख़ूब धुएँदार पारी का आरम्भ किया और जमकर कूटा गेंदबाज़ों को इतना पीट दिया की कप्तान साहेब हताश और बेहाल हो गए। उनको रणविजय सूझ ही नहीं रहा था नौ ओवर और स्कोर हुआ 118 रन और बनाने थे 205। रणविजय भागा-भागा आया और बोला भाई मुझे डालने दो ये ओवर और उसने देखा रणविजय की तरफ़ और बोला सारी भाई ये लोगों ने इतने रन पड़वा दिए की दिमाग़ काम नहीं कर रहा है। तू भी तो है तुझे तो मैं बल्लेबाज़ ही समझ बैठा हूँ जबसे तेरी बल्लेबाज़ी देखी है। ये ले कर और बता फ़ील्ड कैसी चाहिए। उसने बताया मिड ऑन पीछे फ़ाइन लेग ऊपर, गली में एक फ़ील्डर, डीप कवर पीछे शॉर्ट मिड विकेट और बाक़ी सब सेम जैसे हैं वैसे ही। पहली गेंद धीमी गति की बल्लेबाज़ ने लॉलीपॉप समझ कर बल्ला घुमाया और बॉल हवा में रणविजय ने पिच के बीच में पकड़ ली। मैच रणविजय अपने ओवर में इस तरफ़ लेके आता और अगले ओवर में मैच दूसरी टीम के पडले में चला जाता और अंत में विपक्षी टीम मैच जीत गयी रणविजय ने चार ओवर में तीन विकेट लिए सौलह रन दे कर। उसके इस प्रदर्शन ने बहुतों के दिल जीत लिए लेकिन दिल्ली के कप्तान के नीचे मानो आग लगा दी हो किसी ने इतना चिढ़ गया उससे। मैच ख़त्म होने के बाद उसने रणविजय से हाथ तक नहीं मिलाया।

9

इंडियन क्रिकेट लीग

सभी टीमों के मालिक और प्रबंधन के लोग अपनी-अपनी कुर्सियों पर बैठें हैं और खिलाड़ियों की बोली लगाई जा रही है एक-एक करके। बड़ी सी स्क्रीन पर खिलाड़ी की तस्वीर और आधार मूल्य लिखा है जिसके ऊपर बोली शुरू होगी। सुबह से दोपहर हुई और रणविजय का नाम अभी तक नहीं आया था मोईन भाई भी नीलामी देख रहे थे और हैरी भी। रणविजय अपने कमरे में चुपचाप लेटा हुआ था। आख़िरी खिलाड़ी की तस्वीर स्क्रीन पर आयी और वो था रणविजय बोली शुरू हुई आधार मूल्य बीस लाख से पहली बोली दिल्ली ने लगाई हेड कोच के कहने पर दूसरी बोली मुंबई चैम्पीयन ने लगाई और तीसरी बोली चेन्नई लाइयन ने लगाई ऐसे बोली बढ़ती गयी और अंत में चेन्नई लाइयन ने उसे नौ करोड़ में ख़रीदा। मोईन भाई ख़ुशी से पागल हो गए और हैरी भागा-भागा तीसरे माहले पर आया रणविजय के कमरे में और बोला भाई तुझे नौ करोड़ में चेन्नई लाइयन ने ख़रीदा और वो बोलते-बोलते रोने लगा गले लग कर लेकिन रणविजय ने चुपचाप उसको देखा और हल्का सा हँसा और बोला किसी से कहना मत जब तक मैच ना खेल लूँ ठीक है। मोईन भाई का कॉल आया और वो बोले जर्सी No.7 इधर से रणविजय बोला जर्सी No.7 दोनों ये कहते ही हँसने लगे और दोनों की आँख भर आयी लेकिन एक दूसरे से छुपा गए।

अभ्यास कैम्प लगा और रणविजय पहुँचा चेन्नई किसी को कानोकान ख़बर नहीं की रणविजय आई. सी. एल. खेलने गया है। अभ्यास सत्र में रणविजय केवल गेंदबाज़ी करता कोच और सभी लोगों ने बहुत अच्छे से उसके साथ व्यवहार किया। रणविजय इस दो महीने के कैम्प में इतना जटिल तैयार हुआ की जिसको रोक पाना किसी के बस की बात नहीं थी। वो रोज़ हर बात मोईन भाई से बताता और उनके सुझाव लेता ख़ासतौर पर अपनी फ़िट्नेस को लेके। वो उसको खाने से लेके कसरत तक सबका ब्यौरा देते और रणविजय वही फ़ॉलो भी करता। पहला मैच मुंबई वर्सेस चेन्नई लाइयन और पहले बल्लेबाज़ी करते हुए मुंबई ने चेन्नई लाइयन को धो डाला। इस मैच में रणविजय को नहीं खिलाया गया था क्यूँकि पीछले साल के सभी खिलाड़ियों को खिलाया गया था चेन्नई लाइयन बहुत कम बदलाव करते हैं जैसा आज तक वो करते आए जिसमें उनको काफ़ी सफलता मिली। लगातार तीन हार के बाद और मध्यम क्रम के विफल होने और एक गेंदबाज़ की कमी खलने से रणविजय को नेट में अभ्यास सत्र में नोटिस करने के बाद मौक़ा मिला चौथे मैच में दिल्ली के ख़िलाफ़। रणविजय की गेंद स्विंग बहुत हो रही थी नेट में और चेन्नई की पिच पर उसको सफलता मिलने का प्रतिशत काफ़ी था तो उसको खिलाया गया। टॉस दिल्ली जीती और पहले गेंदबाज़ी का फ़ैसला किया। बल्लेबाज़ी शुरू हुई और वही हुआ जैसा होता आया प्रारम्भिक बल्लेबाज़ ताश के पत्तों के जैसे धराशाही होते गए। कप्तान ने एक छोर सम्भाला हुआ था तो दूसरी तरफ़ से विकेटों की झड़ी सी लगी हुई थी और फिर बल्ला ताने ग्राउंड में उतरता है एक ऐसा खिलाड़ी जिसने इस दिन के लिए कई बरस का बनवास और मन में पीड़ा का कारावास काटा था। जर्सी No.7 कामंटेटर ने बोला और घर पर हैरी इतनी ज़ोर से चिल्लाया की पूरा मौहल्ला गूंज उठा। उसने रन का अम्बार लगा दिया पीट-पीट कर। वो ऐसे खेल रहा था जैसे कितने ही बरस का इन्तिकाम लिए दिल में बैठा था और आज किसी को नहीं छोड़ूँगा। दे दना दन बस रन बन रहे थे देखते-देखते उसने अर्द शतक बना दिया केवल सौलह गेंद पर। तीराली गेंद पर सत्तर रन बना कर नाबाद रहा और वापसी में जाते हुए कप्तान ने उसकी पीठ थपथपाई और

उसने बोला भाई पहला स्पेल मुझे डालने देना प्लीज़ आपको निराश नहीं करूँगा। कप्तान मुसकाया और कुछ कहा नहीं। दिल्ली के कप्तान के साथ उनका तूफ़ानी फ़िरंगी बल्लेबाज़ आता हुआ और दिल्ली के कप्तान ने रणविजय को टक्कर मार दी पिच पर जाते हुए क्यूँकि वो मिड ऑफ़ पर खड़ा था। ये हरकत चेन्नई के कप्तान ने देखी और उसने आवाज़ लगाई ओए जर्सी No.7 डाल पहला ओवर तू और ये परिवर्तन देख कर सब चौंके लेकिन चेन्नई के कप्तान से ऐसी किसी विचित्र घटना की उम्मीद कर सकते थे क्यूँकि वो ऐसा करने के लिए मशहूर थे बहुत। दिल्ली के कप्तान ने ऐंठ में आज स्ट्राइक ख़ुद लिया और रणविजय दौड़ा और पहली बॉल लेग ब्रेक और वो बोल्ड। वो देख कर ठीक वैसे ही चौंक था जैसे कई साल पहले कोई और भी चौंक पड़ा था और बाक़ी सब लोग हैरान परेशान। टी.वी. पर मैच देख रहे मोईन भाई सिर पकड़ कर बैठ गए कि लग गयी सब की अब। जज़्बे की कोई उम्र या सीमा नहीं होती और ना किसी सपने के लिए बंदिश। उम्मीद और हिम्मत से हर बाधा और मुश्किल को पार किया जा सकता है।

खिलाड़ी और उसका खेल कभी नहीं मरता।

मैं रणविजय सिंह " जर्सी NO.7 "

<u>नियत ही आपकी नियति तय करती है।</u>